영혼의 고향 길을 함께 갈 ___________________ 님께 드립니다.

정·연·희·묵·상·기·도·집

# 빈 들로 가거라

정·연·희·묵·상·기·도·집

# 빈 들로 가거라

북치는마을

# 영혼의 고향 길을 함께 갈 사람아

당신이 내가 쓴 글을 읽고 있을 때면
내 영혼은 타오르는 별처럼 빛나고 있을 것을 나는 알아요.
영혼의 고향이 같은 사람은
상처를 함께 앓는 사람이거든요.
아픔을 찍어 눈물로 노래하는 글을 쓰는 것은
영혼의 고향 길을 함께 가는 당신께 드리는 편지입니다.

하지만 두려움 없는 기쁨을 위하여
우리는 많은 것을 함께 아파해야 합니다.

때로, 언어는 구원救援이면서 절망絶望입니다.
말을 빌리지 않고 희열을 주시는 분은 오직 한 분

그러나 영혼의 고향 길을 함께 갈 사람을 만나기 위하여
말을 빌리지 않고도 순연한 기쁨을 찾아가기 위하여
나는 때로 언어言語를 빌려
절망의 그림자를 늘이고 글을 씁니다.

내가 쓴 글을 당신이 읽고 있을 때면
언어를 건너가는 내 영혼이
타오르는 별처럼 빛나고 있을 것을 나는 알아요.
영혼의 고향 길을 함께 가실 당신의 영혼 안에서……

2012년 봄 · 정연희

사랑하는 그이는, 나에게 가슴에 품은 향주머니라오.
사랑하는 그이는 나에게 엔게디 포도원의 보벨 송이라오.
아름다워라, 나의 사랑. 비둘기 같은 그 눈동자. 나의 사랑 멋있어라.
나를 이렇게 황홀하게 하시는 그대! 우리의 침실은 푸른 풀밭이라오.

(아가서 1:13-16)

# 목차

작가의 말  영혼의 고향 길을 함께 갈 사람아

### 제1부  고통

광야에 계신 분 | 고통 | 애끓는 사랑 | 골고다에 오르는 길은 1 | 골고다에 오르는 길은 2 | 지상地上의 기적 | 죽게 되었을 때 | 가시나무 쏘시개 | 몸값을 받았다 | 가루가 되어도 | 꽃빛의 피를…… | 도둑은 | 어둠 속 벌레는 | 원죄의 그림자 | 대끼고 대껴라, 밤이 새도록 | 오늘 하루만

### 제2부  회개

해 아래 새것이 없나니 | 미안합니다 | 발돋움 | 고장 난 시계 | 내 죄가 보이는 기적! | 지옥불도 은혜입니다 | 무릎을 꿇고서야 | 한눈팔지 말거라 | 속알 | 치과 의자에 앉아서 1 | 치과 의자에 앉아서 2 | 나는 개만도 못합니다 | 내 평생의 소원 | 식탁에 앉아 | 화목제

### 제3부  구원

눈물 구슬 | 눈물 구원 | 통곡의 벽 | 고백 1 | 고백 2 | 고백 3 | 그분이 내게로! | 솟구치라! 영혼아! | 함께 가자 | 오늘 | 토기장이 | 죄 | 빈 들로 가거라 | 그날이 오면 | 씨앗 | 빛의 옷을 입혀 주시면 | 너에게 준 바위니라

### 제4부  위로

너는 좋겠다 | 주님 발등에 저의 이마를 얹고 | 눈부신 한나절 | 아무것도 몰라서 행복한 행복 | 생명에서 생명으로 | 당신은 누구시옵니까? | 국수 한 그릇 | 이제는 내가 너로…… | 영원으로 열리는 문 | 환승역 | 덜떨어진 귀신 | 정녕 알 수 없는 일 | 인류의 미래는 | 멸치의 바다 세상 | 정거장에서 | 일어나라, 함께 가자!

제1부 **고통**

광야에 계신 분 | 고통 | 애끓는 사랑 | 골고다에 오르는 길은 1 | 골고다에 오르는 길은 2 | 지상地上의 기적 | 죽게 되었을 때 | 가시나무 쏘시개 | 몸값을 받았다 | 가루가 되어도 | 꽃빛의 피를…… | 도둑은 | 어둠 속 벌레는 | 원죄의 그림자 | 몸대끼고 대껴라, 밤이 새도록 | 오늘 하루만

그분은 빈 들에 홀로 계셨다.

홀연히 세상 벗어나,
오직 한 가지
영혼의 굶주림에 떨며
가녀린 목숨 끌고
찾아간 곳, 빈 들······
빈 들로 가지 않고는
그분을 뵈올 길이 없다.

광야의 메마른 땅이 기뻐하며, 사막이 백합화처럼 피어 즐거워할 것이다.
사막은 꽃이 무성하게 피어 크게 기뻐할 것이다. 즐겁게 소리칠 것이다.
레바논의 영광과 갈멜과 샤론의 영화가 사막에 꽃 피며,
사람들이 주님의 영광을 보며, 우리 하나님의 영화를 볼 것이다.

(이사야서 35:1-2)

# 고통

고통을 만나 괴로워하되 억울해하지 말라.
괴로움의 분량만큼 대끼고 또 대껴
그분이 원하시는 형상을 이루리니.

고통만이 이승에서 치르는 거룩한 제사祭祀.
당신께서 내 손 잡고 함께 가시는 신비의 나라.
이승의 짐을 나와 함께 지고 가시는 주님.
고난이 내게 우익이라 고백하게 하시는 주님.

여호와께서 환란 날에 나를 그 초막 속에 비밀히 지키시고,
그 장막 은밀한 곳에 나를 숨기시며……

(시편 27:5)

그분의 사랑, 애끓는 사랑, 그분의 고백은 애타는 고백,
그 사랑을 두고, 사람끼리 어찌 그분의 사랑을 때 없이 입에 올릴 수 있을까.

"여호와의 말씀이니라.
보라. 날이 이르리니 내가 이스라엘 집과 유다 집에 새 언약을 맺으리라.
이 언약은 내가 그들의 조상들의 손을 잡고 애굽 땅에서 인도하여 내던 날에 맺은 것과
같지 아니할 것은 내가 그들의 남편이 되었어도 그들이 내 언약을 깨뜨렸음이라.
여호와의 말씀이니라.
그러나 그날 후에 내가 이스라엘 집과 맺을 언약은 이러하니
곧 내가 나의 법을 그들의 속에 두며 그들의 마음에 기록하여
나는 그들의 하나님이 되고 그들은 내 백성이 될 것이라.
여호와의 말씀이니라."(예레미야 26:31-33)

이토록 절박한 사랑의 고백과 언약을, 왜 나는 간직하지 못하는 것일까.
왜 내 영혼에는 떨림이 없고, 왜 그 언약을 목숨 던져 받아들이지 못하는 것일까.
왜 이리도 아득한가.
육체여! 자아自我여!
그분 사랑의 고백을 일상日常의 재 속에 묻어 두고,
천 갈래, 만 갈래 제 생각으로 얽힌 자아여!
현실이라는 삶의 아득함이여!

우리는 성령을 힘입어서, 믿음으로 의롭다 하심을 받을 소망을 간절히 기다리고 있습니다.
그리스도 예수 안에서는 할례를 받거나 안 받는 것이 문제가 되는 것이 아닙니다.
가장 중요한 것은 믿음이 사랑을 통하여 일하는 것입니다.

(갈라디아서 5:5-6)

골고다.
그곳에 모여 있는 천의 얼굴.
천 가지로 제각기 다른 생각, 호기심과 앙심을 품고 모여든 군중,
인간에게 주어진 근원적인 슬픔마저 지워진 구경꾼들의 얼굴.
호기심으로 번쩍이는 천박함, 죄가 죄인 줄 모르는 뻔뻔함,
잔인, 잔혹, 무정함이 구름처럼 모여 있던 골고다.
그들의 온기 없는 냉혹한 시선,
하나님을 죽이기로 작심한 자들의 극악한 독기毒氣와 야유,
비웃음으로 다져진 언덕 골고다.
그 모든 것을 한 곳에 못 박은 십자가.
인간이 안고 있는 그 모든 악독함을 짊어지시고,
그분이 못 박히신 언덕 골고다.

홀로 걸으라. 홀로 올라가라. 골고다로 오르는 길은 혼자 가는 길이다.
오직 십자가만을 바라보며 홀로 걸으라.
그리고 십자가에서 그분과 함께 죽으라.
그 십자가에서 그분과 함께 죽지 않고서는,
진정한 십자가를 만날 수 없는 인간의 운명.
십자가에서 기다리시는 그분께로 가거라.
그리고 십자가의 죽음을 거쳐 가거라.
골고다
골고다로 홀로 올라가라.

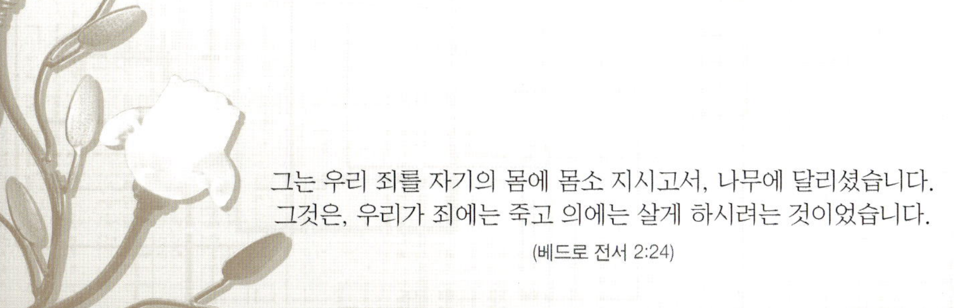

그는 우리 죄를 자기의 몸에 몸소 지시고서, 나무에 달리셨습니다.
그것은, 우리가 죄에는 죽고 의에는 살게 하시려는 것이었습니다.

(베드로 전서 2:24)

골고다에 모여 있는 천의 얼굴.
골고다에서 구경을 기다리는 자들의 천 갈래의 생각들.

동행이 허락되지 않는 골고다의 길.
그 길을 홀로 올라갑니다.

그 언덕에서
어떤 모욕이면 제가 못 견디겠다 하겠습니까.
어떤 핍박이면 제가 참을 수 없다 하겠습니까.
어떤 슬픔이면 제가 덜어 주십사 하겠습니까.
어떤 고통이면 제가 감해 주십사 하겠습니까.

십자가 세워진 골고다의 언덕,
그 정점을 향하여 가야 하는 길이라면
제가 어찌 감당할 수 없는 것들이라 하겠습니까.
십자가 위에 계신 주께서 나를 맞아주시기만 하신다면……
십자가 위에 계신 주께서 나를 맞아주시기만 하신다면……

광야와 메마른 땅이 기뻐하며, 사막이 백합화처럼 피어, 크게 기뻐할 것이다.
레바논의 영광과 갈멜과 샤론의 영화가, 사막에서 꽃 피며, 사람들이 주님의 영광을 보며,
우리 하나님의 영화를 볼 것이다.

(이사야서 46:1-2)

주님은 "길이요 진리요 생명"이라고 스스로 명징明澄하게 일러주셨다.
수없이, 수없이, 다지고 다시 다져도 주님은 길이요 진리요 생명이십니다.

그렇게 고백해 가며 여기까지 왔다.

하지만, 내 앞에 길이 있다는 것을 실감으로 진지하게 믿었던 일이 있었는가?
길에 대하여 목숨 걸어 물은 일이 있었는가?
진리에 대하며 옷깃 바로잡고 눈을 들어 바라본 일이 있었는가?
생명…… 생명 앞에 진정 겸손하게 무릎을 꿇었던 일이 있는가?

거짓 덩어리, 기교와 술수, 잔재주 부스러기, 아집과 고집,
그 허접스러운 것들을 쓸어 모아둔 허름한 창고를
내 삶의 둥지라고 믿어 왔던 허망함.

인생이라는 도박판에서 몽땅 잃은 노름꾼처럼,
처참한 몰골로,
허물어져 가는 자신의 그림자를 딛고 서 있는 목숨 하나,
다만 상실喪失 앞에서,
비로소 참된 고통을 딛고, 허망의 늪 속에서 일어선 목숨 하나,
마지막에 입을 열어 부를 수 있는 이름 하나 허락된 구원!
주님! 그 부르짖음으로 구원의 줄을 붙잡을 수 있으니……
지상에서 허락받은 오직 한 가지 기적! 주님의 이름! 예수!

베드로가 말하기를 "은과 금은 내게 없으나, 내게 있는 것을 그대에게 주니,
나사렛 예수그리스도의 이름으로 [일어나] 걸으시오" 하고, 그의 오른손을 잡아 일으켰다.
그는 즉시 다리와 발목에 힘을 얻어서 벌떡 일어나서 걸었다.

(사도행전 3:6-7)


그리하여 그들은 사도들을 불러다가 때린 뒤에,
예수의 이름으로 말하지 말라고 명령하고 놓아주었다.
사도들은 예수의 이름 때문에 모욕을 당할 수 있는 자격을 얻게 된 것을 기뻐하면서,
공회에서 물러나왔다.

(사도행전 5:40-41)

## 죽게 되었을 때

그분의 피를 마시고 그분의 살을 받아먹었을 뿐,
아직도 나의 영혼은 그분 안으로 들어가는 통로를 찾지 못하고……
내가 육체 안에서, 이따금 낯선 얼굴로
그분을 향하여 "당신은 누구십니까?" 물었을 때,
도무지 묵묵부답이었다.

나의 육신, 감각感覺, 이성理性, 의지意志가
감성에 휘말려 죽게 되었을 때,
그분은 잠잠하게 나를 안아 일으키셨다.

하나님께서 빛 가운데 계신 것과 같이, 우리가 빛 가운데 살아가면,
우리는 서로 사귐을 가지게 되고,
하나님의 아들 예수의 피가 우리를 모든 죄에서 깨끗하게 해주십니다.

(요한 1서 1:1)

# 가시나무 쏘시개

내 앞에 가시나무 쏘시개가 산처럼 쌓여 있다.
산처럼 쌓인 가시나무 쏘시개가 눈앞을 가려, 그 너머 세상이 보이지 않는다.

아버지. 저의 기도가 얼마나 온기를 잃었으면,
이렇게…… 그리, 냇내만 풍기고 불꽃이 일지 않았으면……
이렇게 엄청난 가시나무 불쏘시개를 안겨 주시는지요.
갖가지 오해, 질시, 까닭 없는 소송, 증오, 음해. 이를 악물고 달려드는 악어 떼들……
이들을 모두 내 기도에 불을 붙이는 가시나무 불쏘시개로 안겨 주셨습니까?

찔리고, 베이고, 고통스러울 때에야 마지막 자리, 십자가 앞에 쓰러져
소리쳐 간구할 수밖에 없는 우리들.
찔리고 또 찔리고,
베어지고 또 베어져, 목이 터지도록 주님 부르짖어 찾을 수밖에 없는 우리들.

이것저것, 세상에 널린 우상 가운데를 어정거리다가
어느 결에 그것들의 창에 찔려 피 흘리며 넘어지고서야,
주님 앞, 십자가 앞에 고꾸라졌사오니,
내 억울함, 내 외로움, 내 슬픔의 이름,
가시나무 쏘시개에 불붙이시어
저의 기도가 타오르게 하소서. 타오르게 하소서.
그 기도의 빛 가운데서 주님을 우러러 뵈옵게 하옵소서.

가시나무 쏘시개를 이렇게 산처럼 안겨주신 주님의 사랑에 눈물 흘리며
주님을 뵙게 하옵소서.
활활 타오르는 기도의 불꽃 속에서 주님을 뵈옵게 하소서.

주님, 분노하여 나를 책망하지 말아 주십시오. 진노하여 나를 꾸짖지 말아 주십시오.
주님, 내 기력이 쇠하였사오니, 내게 은혜를 베풀어 주십시오.
내 뼈가 마디마다 떨립니다. 주님, 나를 고쳐 주십시오. 내 마음은 걷잡을 수 없이 떨립니다.
주님께서 언제까지 지체하시렵니까?

(시편 6:1-3)

## 몸값을 받았다

하나님께서 인간들이 그렇게 패괴(敗壞)해질 줄을 모르셨을까.
출애굽한 이스라엘이 광야에 이르러, 그렇게 엉뚱한 짓할 것을 모르셨더란 말인가.
반석의 물을 마시고도 원망, 만나를 거두어 먹으면서도 원망,
메추라기를 배 터지게 누린내가 나도록 구겨 넣고도,
끝내는 하나님을 원망하리란 것을 모르셨을까.

아론을 질투한 다단, 땅을 갈라 삼키게 하시고, 아브람의 당(黨)을 덮치시고,
화염이 그 당중에 붙어 불꽃으로 삼키게 하시고,
출애굽한 뒤, 광야를 헤매던 그들은 애굽도 아니고 가나안도 아닌
광야에서 망(亡)해 자빠졌으니……
세상에.

하나님께서 그들의 그런 성품을 모르셨을까.
기나긴 신앙의 노정(路程), 믿음의 역사(役事),
좌절과 징계와 죽음의 디딤돌을 그렇게 놓으심은
오늘 나에게, 망해 자빠진 자들을 타산지석으로 삼으라 하시는 쓰라린 사랑임을……

누가 그 디딤돌을 딛고 가도록 하셨는가.
주님! 지금 저 보고, 그 디딤돌을 디디라 하십니까.
나 하나, 오직 나 하나, 당신의 나라로 데려가시기 위하여……
그렇듯 많은 사람 역사의 구비구비 악을 저질렀던 악행으로 망해 자빠진 자들을
본으로 삼으라 하시며……
나를 가르치시어 경계하심이었을까, 그 위에 함께 죽어 엎어지지 않게 하시려고……
나로 악을 피해 갈 길을 배우라고, 배워 되풀이하지 말으라시고……
그 많은 사람, 그 기나긴 악의 역사 되풀이시키시며, 닦달, 매질, 참으심,
그리고 진노하셨으나,
끝내는 그들의 그 죽음으로도 모자라,
나 하나의 몸값으로, 한 분 아들에게 십자가의 죽음을 안겨주시기까지,
나를 죽음에서 건지시고저 하셨으니,
나 하나,
나 하나의 값을 어찌 헤아리라 하십니까.

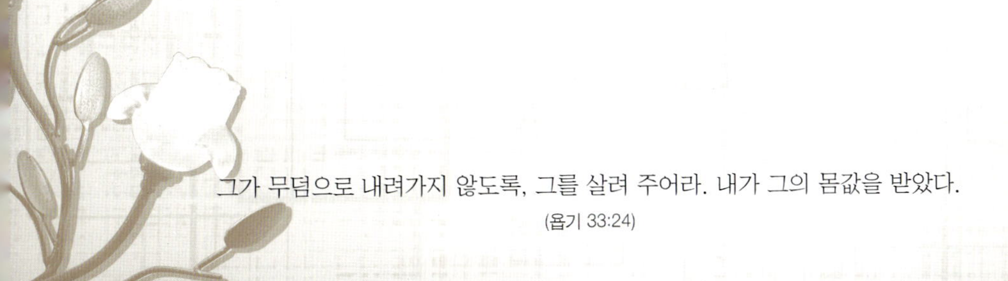

그가 무덤으로 내려가지 않도록, 그를 살려 주어라. 내가 그의 몸값을 받았다.

(욥기 33:24)

# 가루가 되어도

깊고 깊은 골, 바위 덩어리로 숨겨져 처박혀 있던 나를,
"내가 너를 지명하여 불렀나니……" 찾아내시어
깨트리고 부수시어 물길에 던지셨나니
물살에 대끼고 대껴, 날선 모서리 칼날 접히고,
신비한 생명 말씀으로,
돌 하나도 돌 위에 남기지 않도록 쳐부수시어,
골짜기로 흘러내리는 물살로 휩쓸려 이리 구르고 저리 굴러,
두고두고 대끼고 대껴져,
모가 닳고 다시 닳아 몽돌 삼으시더니

아니 되겠다 하시고, 더 깨뜨리고 부수시어 한 줌 모래알로 주저앉히시고,
가루가 되어라, 가루가 되어라,
머리를 들 일이 없는 가루가 되어라!
무교병으로 바쳐질 가루가 되어라!

어느 때 나를 사납게 치고 달아나는 물살을 원망하랴.
더러는 잔잔하게, 어느 때는 무섭게 달려드는 물살은 그분의 손길,
그 손길로 나를 다듬고 으깨시어 쓰실 곳을 찾으시니……
풍랑 또한, 그분이 당신의 형상, 당신 닮으라 하시는 손길.

가루가 되고 다시 가루가 된들,
그분께서 무교병으로 반죽하시기까지
그분의 목적이 나를 이끌어 가시는 과정이거니……

그날 밤에 그 고기를 먹어야 하는데, 고기는 불에 구워서,
누룩을 넣지 않는 빵(무교병)과 쓴 나물을 곁들여 함께 먹어야 한다.
……
"너희는 이레 동안, 누룩을 넣지 않은 빵을 먹어야 한다.
그 첫날에 너희는 집에서 누룩을 말끔히 치워라.
첫날부터 이레까지 누룩 넣은 빵을 먹는 사람은 누구든지 이스라엘에서 끊어진다."

(출애굽기 12:8, 15)

# 꽃빛의 피를……

억울할 때 밖으로 솟아나는 가시 하나.
화가 날 때 다시 밖으로 솟아나는 가시 하나.
아니라고, 아니라고!
그것은 아니라고 속으로 도리질 하면서 내솟는 가시 하나.
밉고 또 미워서 어쩔 수 없이 내뻗친 가시 하나.
분개하고, 시시해 하면서 마구 돋아나는 가시들……
이렇게 저렇게 속이 상하고 외로울 때도 내솟는 가시가 있어,
살면서, 살면서 계속 밖으로 가시가 돋혀,
가시투성이가 된 일상日常이 웅크리고 있었네.

어느덧 밖으로, 밖으로만 돋아나는 가시를 버려두어,
나는 한 마리 고슴도치로 거기 있어……
그 모양이 하도 흉하고,
끊임없이 가시를 만들던 영혼이 지치고 지쳐서 무너졌을 때,
불쌍한 나를 안아주신 분……
나를 안고 계신 그분의 가슴에서는 꽃빛의 피가 흐르고 있었네.

하나님께서는 우리를 진노하심에 이르도록 정하여 놓으신 것이 아니라,
우리 주 예수그리스도로 말미암아 구원을 얻도록 정하여 놓으셨습니다.

(데살로니가 전서 5:9)

# 도둑은

집을 비운 사이 도둑이 들었다.
얼마나 꼼꼼하게 뒤져냈기에 구석구석 많이도 쓸어 갔다.

도둑이 쓸고 간 뒷자리,
허둥지둥, 망연자실,
주저앉아 정신 가다듬고 보니
도둑이 가져갈 만한 것, 도둑이 필요로 했던 것들……
도둑이 노린 것만큼 내가 끌어안고 움켜쥐고 살았던,
내가 도둑이었다.

도둑이 쓸고 간 뒤, 한동안 지내다 보니,
없어진 것 없이도 그럭저럭 살 만했다.
도둑이 가져간 것만큼 넘치게 가졌던 내가 도둑이었다.

이후로도 나는 매일매일 하나님의 것을
훔치고 있지는 않은지,
지금도 알고는 있으면서
더러는 무심결에 아버지의 것을 훔칠 때가 많다.

'아버지, 내가 하늘과 아버지 앞에 죄를 지었습니다.
이제부터 나는 아버지의 아들이라고 불릴 자격이 없습니다.'
그러나 아버지는 종들에게 말하였다.
'어서 가서 가장 좋은 옷을 꺼내서, 그에게 입히고, 손에 반지를 끼우고, 발에 신을 신겨라.
그리고 살찐 송아지를 끌어내다가 잡아라. 우리가 먹고 즐기자.'

(누가복음 15:21-23)

# 어둠 속 벌레는

찬송 시(詩) 중에, "벌레 같은 날 위해……"
"벌레만도 못한 날 위해 큰 해(害) 받으셨나……"
벌레만도 못한 나를 위해 십자가에 못 박히신
주님을 찬미하는 노래 있었네.

벌레는 어둠 속에 숨어서 저 먹을 것이나 찾아 헤매지만,
인간이라는 나는,
생각 하나로 세상을 허물기도 하고,
말 몇 마디로 사람을 무너뜨리기도 하며,
입술 한 번 놀리는 칼날로 사람 죽이는 것은 식은 죽 먹기,
한 마디 말로 세상을 뒤엎기도 하고,
창조주를 죽이기도 했었네.
실로 나는 벌레만도 못한 정도가 아니라
때로, 창조세계의 우절 덩어리.
벌레라면,
차라리 벌레라면 더 큰 죄를 모르는 벌레로 남겠네.

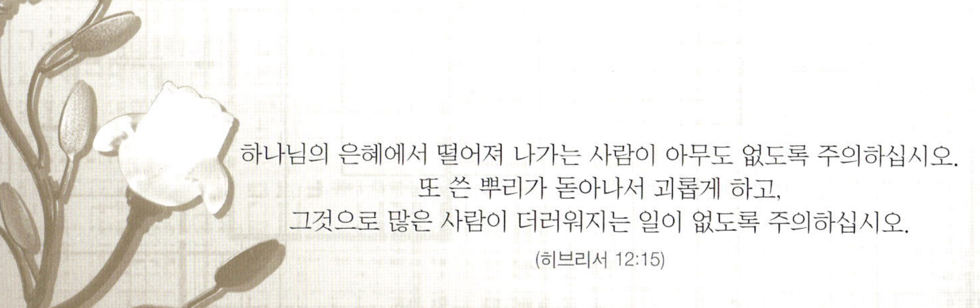

하나님의 은혜에서 떨어져 나가는 사람이 아무도 없도록 주의하십시오.
또 쓴 뿌리가 돋아나서 괴롭게 하고,
그것으로 많은 사람이 더러워지는 일이 없도록 주의하십시오.

(히브리서 12:15)

벗겨내고 또 벗겨내도, 다시 생성生成하는 자아自我의 두꺼운 껍질.
원죄原罪의 그림자인가 끊임없는 생성의 고리,
끊어지지 않는 생성의 되풀이 자아,
그 원수.

남의 눈을 의식하며
속세俗世를 휘젓고 일어나려는 허욕虛慾.
죽음에 이르러서야 숨을 죽일 속성인가,
무엇으로 이 질긴 뿌리를 뽑아내고,
무엇으로 이 껍질을 벗겨내랴.
원죄의 질긴 그림자.

죄 없으신, 죄가 묻지 않으신,
내 눈으로 감히 바라볼 수조차 없이
맑고 투명한,
아니 그것조차 의식할 일 없는,
그분의 마음 안에 들 날은 언제인가.

모든 은혜를 주시는 하나님,
곧 그리스도 안에서 여러분을 자기의 영원한 영광에 불러들이신 분께서,
잠시 동안 고난을 받은 여러분을 친히 온전케 하시고, 기초를 튼튼하게 하여 주실 것입니다.

(베드로 전서 5:7)

# 대끼고 대껴라, 밤이 새도록

자정이 넘도록 잠을 이루지 못하고 뒤척이던 한여름 밤,
참담한 마음 끌어안고, 캄캄한 마당 한구석에 쭈그려 앉는다.
어쩌자고…… 어쩌자고…… 나는 내내 이 지경인지……
그저 죄인임을 부끄러이! 부끄러이! 어둠 속에 숨듯이 웅크려 앉는다.
눈도 귀도 없는 탯덩이처럼, 다만 부끄러움 한 가지로 웅크렸다.

그때,
비그은 뒤에 개구리들 목청을 열어 어둠을 흔들고,
개굴개굴, 깨어라! 깨어 있으라! 개굴개굴 부끄럼으로 깨어 있으라.
내가 슬며시 개구리들 사이로 들어가고,
풀잎에 이슬방울 되어, 풀잎에 눌러앉아 어둠 속으로 녹아들어,
한 마리 개구리가 되어 함께 목청을 돋우네.
숨죽인 어둠 속에서 한 마리 개구리가 되어, 스스로에게 소리친다.
개굴개굴 밤새워 네 부끄러움을 대끼고 대껴라, 밤새도록……

주님의 말씀을 갈망하여 날이 밝기도 전에 일어나서 울부짖으며,
주님의 말씀을 묵상하다가, 뜬눈으로 밤을 지새웁니다.
주님, 주님의 인자하심을 따라 내 간구를 들어주십시오.
주님, 주님의 규례를 따라 나를 살려주십시오.

(시편 119:147-149)

## 오늘 하루만

오늘 하루만 허락하소서.
오늘 하루만 허락하소서.
영혼이 갈가리 찢겨 피를 흘릴 때까지,
그 피를 당신께서 눈여겨보실 때까지,
어두운 밤에서 헤어나오지 못하는,
상처 입은 영혼의 통곡을 허락하소서.

울고, 또 울고, 울게 하소서.
두견새 연둣빛 울음에 내 머리를 풀고
원죄의 그림자
지옥 불에 타는 죄까지도 끌어안고,
오늘 하루만 울게 하소서.
오늘 하루만 울게 하소서.

......
하나님이 친히 그들과 함께 계시고, 그들의 눈에서 모든 눈물을 닦아주실 것이니,
다시는 죽음이 없고, 슬픔도 울부짖음도 고통도 없을 것이다.
이전 것들이 다 사라져버렸기 때문이다.

(요한계시록 21:3-4)

제2부  회개

해 아래 새것이 없나니 | 미안합니다 | 발돋움 | 고장 난 시계 | 내 죄가 보이는 기적! | 지옥불도 은혜입니다 | 무릎을 꿇고서야 | 한눈팔지 말거라 | 속알 | 치과 의자에 앉아서 1 | 치과 의자에 앉아서 2 | 나는 개만도 못합니다 | 내 평생의 소원 | 식탁에 앉아 | 화목제

서슬 푸르게…… 서슬이 시퍼래서……
인생 중에 누가 그리도 서슬 푸르게 살고 있는가.
제 생각, 제 뜻만이 옳다고
천년만년 살 것처럼,
저는 죽는 일도 망하는 일도 없을 것처럼,
서슬이 푸르게
큰소리치는 권력자,
하늘 흔드는 인기人氣,
땅을 흔드는 돈 부자들……
그러나
"해 아래는 새것이 없나니 무엇을 가리켜 이르기를,
보라. 이것이 새것이라 할 것이 있으랴……
헛되고 헛되며 헛되고 헛되니 모든 것이 헛되도다."

오직 불멸의 영혼, 하늘 문을 향하여 고난의 발걸음을 딛고 가는,
그 걸음에서만 새로움이 열리나니,
영혼의 씨눈 벗겨지는 그 자리에만 새로움이 열리나니……
"지금까지 내가 주께 대하여 귀로 듣기만 하였삽더니
이제는 눈으로 주를 뵈옵나이다."
고백의 자리에만 새로운 문이 열리나니
누가 서슬 푸르게 살고 있는가,
서슬이 시퍼래서 살고 있는 그가
부럽지도 두렵지도 않으리.

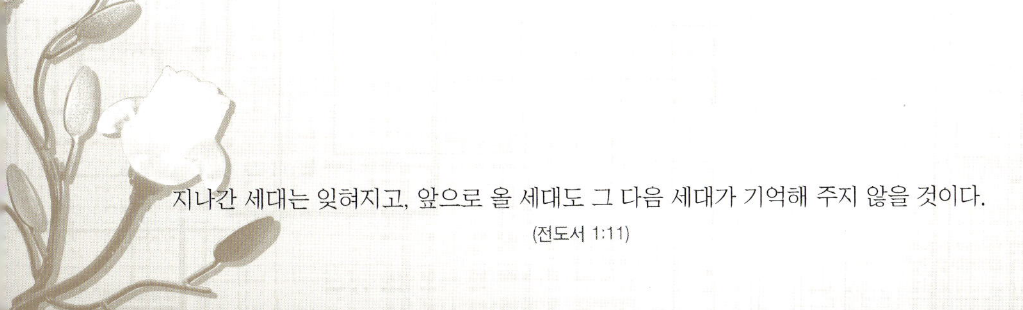

지나간 세대는 잊혀지고, 앞으로 올 세대도 그 다음 세대가 기억해 주지 않을 것이다.

(전도서 1:11)

## 미안합니다

나이 들어, 병아리 눈썹만큼 철이 드는가.
입맛에 맞는 맛있는 것 먹다 말고,
문득 누구인가에게 미안해집니다.
비단 이불에 다리 뻗고 눕다 말고,
문득 못된 짓하다가 들킨 듯이 미안해집니다.
좋은 옷치장하고 나서다가 어쩐지 미안해집니다.
입 크게 벌리고 하하 웃다가도 문득 미안해집니다.
다리가 불편하며 절뚝거리는 사람 옆을
바람처럼 빠른 걸음 걷기가 미안합니다.
싱싱한 깍두기 어석어석 씹다 말고, 의치를 한 형제들 생각에 미안해집니다.
몸이 아픈 이웃을 만날 때면,
그가 내 몫까지 다 앓고 있는 것 같아서 미안하고 또 미안합니다.
자막방송이 나올 때에 텔레비전 볼륨을 크게 올리는 일도 미안합니다.

하늘이 푸르고 산이 싱그럽고 꽃들이 다투어 필 때,
그래서 천국처럼 아름다운 세상을 바라보다가,
그렇게 혼자 누리는 것이 가슴 아리도록 미안합니다.
이렇듯 세상천지간에 지금까지 누려온 모든 것이,
너무도 분에 넘쳐 미안합니다.

"너는 이 세 사람 가운데서 누가 강도 만난 사람에게 이웃이 되어 주었다고 생각하느냐?"
그가 대답하였다. "자비를 베푼 사람입니다."
예수께서 그에게 말씀하셨다. "가서 너도 이와 같이 하여라."

(누가복음 10:37)

주님께서 기다리시는 그곳, 아득하고 아득하게 높은 그곳,
철부지 '애환哀歡이라는 삶'을 딛고 오를 때에는 그러한 양 오를 만도 하다 싶더니……
신앙이라는 이름의 계단 하나. 사랑이라는 이름의 뜨거움,
믿음의 계단 둘. 오해라는 이름의 쓰라림,
그리스도인이라는 이름의 계단 셋. 배신, 연민까지도……
당신께로 향하는 그 길에서, 발바닥을 태우는 그 냇내.
영혼까지 누린내에 절게 만들어……

그러나 하나님,
살아가면서 내 살을 태우는 그 연기가 번제燔祭가 되어 주께 바쳐지면
나는 그 연기 속에서 들어 올려져, 다시 계단 하나 오르고……
남아 있는 계단이 몇일는지 헤아리지 않고도,
오르고 또 오를 일 외에, 다른 마음, 다른 생각 버렸으니,
주님, 주께로 오르는 이 계단. 이 쓰리고 아픈 발돋움을 주께서 아시리이다.

예수께서 무리를 보시고 산에 올라가 앉으시니, 제자들이 그에게 나아왔다.
예수께서 입을 열어서 그들을 가르치셨다.
"마음이 가난한 사람은 복이 있다. 하늘나라가 그들의 것이다.
슬퍼하는 사람은 복이 있다. 하나님이 그들을 위로하실 것이다.
온유한 사람은 복이 있다. 그들이 땅을 차지할 것이다.
의에 주리고 목마른 사람은 복이 있다. 그들이 배부를 것이다.
자비한 사람은 복이 있다. 하나님이 그들을 자비롭게 대하실 것이다.
마음이 깨끗한 사람은 복이 있다. 그들이 하나님을 볼 것이다.
평화를 이루는 사람은 복이 있다. 하나님이 그들을 자기의 자녀라고 부르실 것이다.
의를 위하여 박해를 받은 사람은 복이 있다. 하늘나라가 그들의 것이다.
너희가 나 때문에 모욕을 당하고, 박해를 받고, 터무니없는 말로 온갖 비난을 받으면 복이 있다.
너희가 기뻐하고 즐거워하여라. 하늘에서 받을 너희의 상이 크기 때문이다."

(마태복음 4:1-12)

# 고장 난 시계

고장 난 채, 탁상 위에 장식으로 놓였던 시계 하나.
가다 말다, 가다 말다를 되풀이, 절름거리던 것,
그러다가 아주 멎어버려, 그저 볼품으로 장식처럼 놓아두었더니,
어느 날 갑자기, 제물에 시침과 분침이 살아나 재깍재깍!
이게 웬일? 기이하기도 하여라!
혹여, 저 고장 났던 시계가 제물에 다시 움직이는 것은,
뜻밖의 행운이라도 가져다주려는 징조인가,
무슨 좋은 징조로 인생 복권이라도 당첨이 되려나…… 싶어,
이제부터 '네 삶의 시간은 새로운 시간으로 이어진다는 뜻'이었던가.
시계를 볼 때마다, 제물에 살아난 시간을 헤아려, 희망 부풀리고 신산을 달렸더니,
기다리던 소식의 결과는 참담한 실패 억울한 결과, 바닥을 친 정황.
그랬던가…… 그랬던가……
어느 때부터 그 시계는 다시 멋대로
가다 말다, 가다 말다를 되풀이하다가 종내는 멎어버렸다.
징조도 징조려니와 놀림을 당한 듯 마음 상하는데,
문득, 그 시계가 내 몰골로 둔갑해.
그래, 그렇지! 하나님께서 내게 주신 시간을, 나도 저렇게 가다 말다, 가다 말다
멋대로 소진淸盡했던 것은 아닌지……
주께서 주신 시간, 내 인생, 내 생명의 시간, 내 존재, 내 삶에 주어진 시간,
그분의 시간을 내 멋대로, 마구잡이로 가다 말다, 가다 말다 하지는 않았는지……
어느 때 주님은 '발람의 당나귀'* 입을 쓰셨는데,
하도 대책 없는 나를 위하여, 무기물 고장 난 시계를 쓰셨는가.
내 삶의 시간을, 오직 당신의 시간에 맞추라 하시며……

*발람의 당나귀: 민수기 22장 21-35절에 기록된 말씀

주님께는 하루가 천 년 같고, 천 년이 하루 같습니다.
어떤 이들이 생각하는 것과 같이, 주님께서는 약속을 더디 지키시는 것이 아닙니다.
도리어 여러분을 위하여 오래 참으시는 것입니다.
하나님께서는 아무도 멸망하지 않고 모두 회개하는 데에 이르기를 바라십니다.

(베드로 후서 3:9)

# 내 죄가 보이는 기적!

저절로 살아가는 줄 알았습니다.
내 힘으로 살게 되는 줄 알았습니다.
어디서 와서 어디로 가는지 모르면서, 어딘가로 무작정 가고 있었습니다.
이리 부딪치고 저리 쏠리면서, 그것이 살고 있는 것인 줄 알았습니다.
원망, 증오, 좌절, 핑계, 게으름, 부러지지 않는 잣대를 내 것으로 알고……

날마다 죽여도 계속해서 쳐 올라오는 타성,
한도 끝도 없이 쳐 올라오니,
도대체 그 바닥은 어디까지입니까.
그러나 이 몰골 보이는 것이 기적입니다.
영혼이 아주 시력을 잃지 않았으니 기적입니다.

공평이 우리에게서 멀고, 공의가 우리에게 미치지 못한다.
우리가 빛을 바라나, 어둠뿐이며, 밝음을 바라나 암흑 속을 걸을 뿐이다.
우리는 앞을 못 보는 사람처럼 담을 더듬고, 눈먼 사람처럼 더듬고 다닌다.
대낮에도 우리가 밤길을 걸을 때처럼 넘어지니……

(이사야서 59:9-10)

# 지옥불도 은혜입니다

때로, 주께서 나를 지옥에 던지심도 은혜입니다.
주님께서 때로 나를 지옥에 버리심도 감사입니다.

지옥불이 나의 교만과 아집, 헛된 습관을 활활 태워주니 은혜요 감사입니다.
아직도 시퍼렇게 살아있는 자아自我를 태워 죽이니, 지옥이 기적입니다.

세상 헛된 욕심
거짓된 마음, 너절한 습관, 한눈팔기.
그 모든 것을 태워 없애 주시고, 생명의 진수眞髓만이 정금같이 남겨진다면
기적 중에 기적입니다.

그렇게 내 생명의 초점을 당신께 맞추어 주시면,
그때 지옥불이 변하여, 거룩하게 타오르는 하늘의 불기둥이 되는 것을 보겠나이다.

......
내 말을 들어라.
너희가 태어날 때부터 내가 너희를 안고 다녔고,
너희가 모태에서 나올 때부터 내가 너희를 품고 다녔다.
너희가 늙을 때까지 내가 너희를 안고 다니고,
너희가 백발이 될 때가지 내가 너희를 품고 다니겠다.
내가 너희를 지었으니 내가 너희를 품고 다니겠고, 안고 다니겠고, 또 구원하여 주겠다.
너희가 나를 누구와 견주겠으며, 나를 누구와 같다 하겠느냐?
나를 누구와 비교하여 '서로 같다 하겠느냐?'

(이사야서 46:3-4)

## 무릎을 꿇고서야

아버지, 무릎 꿇고서야
그 자리만이 완전한 자유의 땅임을 고백하게 되더이다.
이 자리만이, 이 자리만이, 평화와 안정임을 알겠더이다.
아버지 앞에 무릎을 꿇고서야 비로소 입이 열리더이다.

고개를 치켜들어 보아야, 내가 어디를 바라 보리이까.
주먹을 불끈 쥐어 보아야 내가 어디를 향하여 주먹질 할 일이 있겠나이까.
어디에도 '나'라고 하는 실상實相도 실체도 없기에,
오직 무릎 꿇어
아버지를 외쳐 부르니 그 안에 내가 있더이다.
매 순간, 아버지가 함께 하시는 곳에서만 영원의 문이 열리더이다.
아버지……

너희 모든 목마른 사람들아, 어서 물로 나오너라. 돈이 없는 사람도 오너라.
너희는 와서 사서 먹되, 돈도 내지 말고 값도 지불하지 말고 포도주와 젖을 사거라.

(이사야서 55:1)

살아가면서, 무엇을 모면하려고,
살아가면서, 무엇을 비켜 가려고,
살아가면서, 무엇을 외면하려고,
이 눈치 저 눈치 살펴 가며 내가 끌고 온 죄의 그늘을 지워 보려 하는가.

주님 손잡고 걷다가도 한눈팔며 두리번거리다가,
쉽게 유혹에 빠지며 넘어가며,
스스로 만든 수렁에 빠지고 나면, 누가 떠밀어 빠진 것처럼
아우성치는 이 못난이를……

부끄러움을 잊지 않게 해 주소서.
내 몰골을 생생하게 볼 수 있게 해 주시고,
그래서 두려움이 생생하게 살아 있는 길을 조심조심 딛고 가게 해 주소서.

두려워하지 말아라! 네가 이제는 수치를 당하지 않을 것이다.
당황하지 말아라! 네가 부끄러움을 당하는 일이 없을 것이다.
젊은 시절의 수치를 잊으며, 과부 시절의 치욕을 네가 다시는 기억하지 않을 것이다.
너를 지으신 분께서 너의 남편이 되실 것이다.

(이사야서 54:4-5)

# 속알

내 안에 과연 '속알'이 있기는 한 것인지.
주님께서 그 속알을 보시기를 원하시는지,
때마다 껍질 벗기실 일을 만드시니,
때로는 살이 묻어나고 피가 흘러, 쓰라린 일들이 겹겹입니다.
내 안에 과연 속알이 있기는 있는 것인지.

아직도 내 속에는 살쾡이처럼 약삭빠른 눈치만이 가득 차 있어,
절대로 감길 줄 모르는 눈을 번득여, 세속 거리에서 먹이를 찾고……
더 흉측한 일은, 나의 허물이나 죄를 사람들에게 들키지 않는,
더한 약삭빠름입니다.

물고기 두 마리가 든 다랑이를 등 뒤에 감추고,
다섯 덩이의 떡이 들어 있는 소쿠리를 다리 사이에 단단히 끼고,
배고파 하는 사람들의 애소를 못 들은 척,
굶어 시들어 가는 사람들을 못 본 척하고 있습니다.
심지어 잔칫집에서 물 항아리에 물을 채우라 하시는 주님의 지시를
못 들은 척 숨죽이고 있습니다.

얼마나 껍질이 두꺼우면,
주님께서 얼마를 두고 이 껍질을 더 벗겨 내셔야
속알이 순수하게 드러나게 되는지,
살이 묻어나고 피가 흘러 껍데기가 벗겨지더라도,
그것 벗겨주시는 주님의 손길이 멈추시지 말기를……
원하노니,
내 안에 속알이 있기는 한 것이지……
영글어서, 그분이 열매로 거두실 속알이 있기는 한 것인지……

하나님께서는 "각 사람에게 그가 행한 대로 갚아 주실 것입니다."
참으면서 선한 일을 하여 영광과 존귀와 불멸의 것을 구하는 사람에게는 영원한 생명을 주시고,
이기심에 사로잡혀서 진리를 거스르고 불의를 따르는 사람에게는
진노와 분노를 쏟으실 것입니다.

(로마서 2:6-8)

## 치과 의자에 앉아서 1

썩은 어금니를 뽑았습니다.
닷새 사이에 세 개나 뽑았습니다.

그분께서,
세상 텃밭에 심었던 나의 정욕과 욕망을 그렇게 뿌리째 뽑아주신다면,
그리고 치아齒牙 없이 마실 수 있는
주님의 숨결을 불어 넣어 주신다면,
"흙으로 사람을 지으시고 생기生氣를 그 코에 불어 넣으시던"
첫 입맞춤을 다시 한 번 허락해 주신다면……

그렇게 평화를 받아 마시게 해 주신다면,
그 평화의 샘에서
사랑이 샘솟아 흘러넘치게 해 주신다면,
그 사랑으로,
이 갈증 나는 세상, 목을 축여가며
하나님이 지으신 아름다운 세상을 한없이 찬양하겠나이다.

모든 생물의 생명이 하나님의 손 안에 있고,
사람의 목숨 또한 모두 그분의 능력 안에 있지 않느냐?
하나님이 헐어버리시면 세울 자가 없고, 그분이 사람을 가두시면 풀어줄 자가 없다.

(욥기 12:10, 14)

치과 의자에 앉으니, 방금 찍은 엑스레이가 모니터에 뜹니다.
기다란 이빨 뿌리, 가지런한 흑백 사진이 눈앞으로 확대되어,
아랫니, 윗니를 다 찍은 치아齒牙 사진은 흉측한 해골.

살이 없는 뼈들은 귀신 같은데,
그래서 뼈에는 영혼이 깃들지 않는가 물어 봅니다.
내가 육신을 벗을 때, 육탈肉脫하여 뼈로만 남고
그렇게 그분께로 올라갈 때……
향기로 가는가,
아니면 한 줌 바람 되어 부끄러이 가려는가,
아스라한 색깔 되어 밀려가려는가,
안개 옷깃 되어 유연히 흔들려 가려는가.

뼈도 남기지 않고 홀연히 이 땅을 떠날 때,
그 가벼움, 그 신비한 기쁨을 귀신 같은 엑스레이 사진이 가르치네.

"너는 이 뼈들에게 대언하여라. 너는 그것들에게 전하여라.
'너희 마른 뼈들아, 너희는 나, 주의 말을 들어라. 나, 주 하나님이 이 뼈들에게 말한다.
내가 너희 속에 생기를 불어넣어, 너희가 다시 살아나게 하겠다.
내가 너희에게 힘줄이 뻗치게 하고, 또 너희에게 살을 입히고,
또 너희를 살갗으로 덮고 너희 속에 생기를 불어 넣어, 너희가 다시 살아나게 하겠다.
그때에야 비로소 너희는 내가 주인 줄 알게 될 것이다.' "

(에스겔서 36:4-6)

## 나는 개만도 못합니다

단 한순간도,
제 주인에게서 눈을 떼지 않는 우리 집 강아지.
이리 가면 이리 따라오고,
저리 가면 저리 따라오고.
부엌에서 일을 하면 한 치쯤 거리를 두고,
조금도 지루해하지 않고,
한 자리에 엎드려 하염없이 올려다 봅니다.

열렬하게 애소를 담은 눈,
'나는 당신 곁을 결코 떠나지 않겠습니다.'

이 개는 여간해서 졸지도 않습니다.
주인의 일거수일투족이 자신의 숨결인 양, 눈을 떼는 일이 없고,
주인 곁을 떠나는 일도 없습니다.
개도 주인을 이처럼 따르고 지키건만,
나는 내 주님께 어떤 존재인가.

주님 앞에서
나는 개만도 못합니다.
진정 그러합니다.

주님의 눈동자처럼 나를 지켜 주시고, 주님의 날개 그늘에 나를 숨겨 주시고,
나를 공격하는 악인으로부터 나를 지켜 주십시오.

(시편 17:8)

# 내 평생의 소원

내 평생의 소원, 내 평생의 소원,
대속代贖해 주신 사랑을 간절히 알기 원하네.

대속代贖, 죄를 대신 지은 분. 죗값을 대신 치르신 분.
죄의 짐 지시고 죗값을 홀로 치르신 분.
하나님께서 친히,
아버지께서 몸소……
땅이 꺼지고,
하늘이 무너져도,
실감하지 못할 그 일을……
한 아들을 몸값으로 주검에다 내어 주셨으니……
내 평생을 다 한들
알 수 있을까, 육신을 내던진들 실감할 수 있을까.

내 평생에 소원, 내 평생에 소원, 대속해 주신 사랑을 간절히 알기 원하네.

그는 우리 죄를 위한 화목제물이시니, 우리 죄만 위한 것이 아니라 온 세상을 위한 것입니다.

(요한 1서 2:2)


사랑은 이 사실에 있으니, 곧 우리가 하나님을 사랑한 것이 아니라,
하나님이 우리를 사랑하셔서,
자기 아들을 보내어 우리의 죄를 위하여 화목제물이 되게 하신 것입니다.

(요한 1서 4:10)

# 식탁에 앉아

우리에게 주신 식탁食卓은
온전한 희생 제물의 제사祭祀.
주께서 주신 온전한 생명의 희생 제물들이 올려진 제사상.

이렇듯 완전함, 창조의 뜻, 사랑을 매 끼 먹으면서,
우리가 어떻게 온전치 못한 길로 딸려가며 상傷한 자가 되어,
절뚝거리며 나아갈 수 있을까.
오늘도 식탁 앞에 앉는다.
많은 목숨이 스스로 죽임을 당하여 제물이 된 식탁 앞에 앉는다.

식탁 앞에서 기도한다.
하루 세 끼.
어떤 형편에서든 밥을 먹는다.
이렇게 어김없이 열심히 찾아 먹는 일에 비하여
나는 도대체 무슨 값을 하고 있는가.
이 세상을, 덧입음을 거쳐 다시 살게 될 세상이란 어떤 세상일까.
왜 이렇게 쉬지 않고 먹는가? 생존을 위하여…… 그 생존으로 무엇을 하기에?

누에를 본다. 끊임없이 먹고 먹으며 잠자고 먹고 잠자고……
끊임없이 먹는 대로 끊임없이 실을 잣는다.
그것으로 사랑의 실을 잣고 그 실로 고치를 지어,
새 세계의 나비가 되어 날아가는 누에의 전생.

생명을 위하여 먹고 먹으며, 그것이 생명사랑의 실을 자아,
이 땅 위에서 고치 짓고 그리고 자아를 죽여 나비가 되리라.
완전 자유, 사랑의 완성,
애벌레, 누에고치 짓고 죽은 후에야 만나게 되는 나라.
사랑, 자유……

먹는 대로 사랑의 실을 잣게 해 주소서.
누에처럼 생명의 실을 잣게 해 주소서.
그 사랑으로 자아를 다스리는 고치를 짓게 해 주소서.
그리고 죽음의 침묵을 거쳐 창공을 날게 해 주소서.
하늘나라를 향하여 날게 해 주소서.

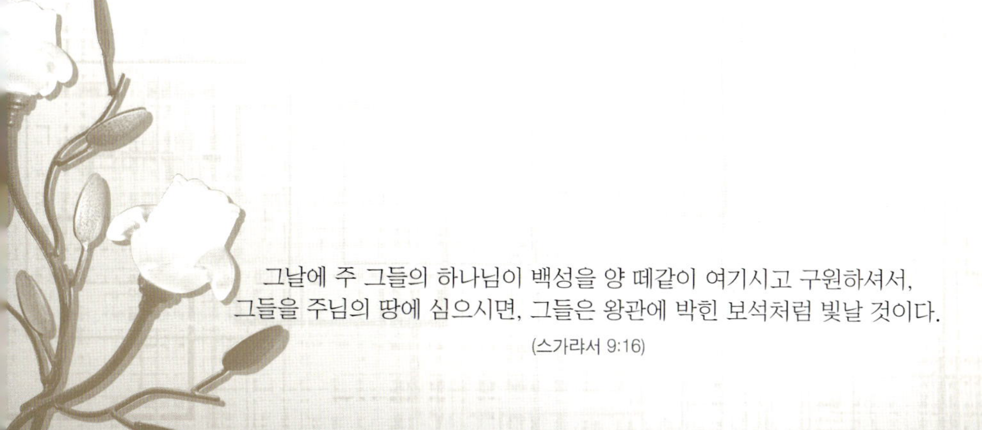

그날에 주 그들의 하나님이 백성을 양 떼같이 여기시고 구원하셔서,
그들을 주님의 땅에 심으시면, 그들은 왕관에 박힌 보석처럼 빛날 것이다.

(스가랴서 9:16)

# 화목제

인생살이, 때마다 환란이 불붙어 솟구치고,
그 불구덩이 속에서,
사방으로 우겨 쌓임을 당한 듯, 내 삶에는 출구가 보이지 않네.
오 아버지!
그 환란의 불길로 타오르는 나의 삶, 나의 목숨.
그 한 겹, 한 겹, 불구덩이 속에서 재티가 되어 타오르며,
또 타오르고 타오르던 나의 죄목罪目들이……

인생 환란의 불길과, 타오르던 재티로
드디어, 드디어,
내 인생을 화목제사로 받으시는 주님!
나의 죄, 나의 허물을 환란으로 불붙여 주시고
그 재티로 화목제사를 받으신 주님! 아버지!
환란의 불길이 아버지 사랑이었음을……
불타오르던 재티가 아버지께서 받으실 화목제사였음을……
떨며, 눈물로 무릎 꿇을 뿐,
그 사랑의 기적을 어찌 언어를 빌려 표현할 길이 있겠습니까.

재티야 날아라! 내 죄의 재티야 날아오르라!
내 허물의 재티야,
아버지께서 회개의 화목제사로 받으실 재티야 날아라, 날아오르라!

주님 먼 옛날부터 변함없이 베푸셨던 주님의 긍휼하심과 한결같은 사랑을 기억하여 주십시오.
내가 젊은 시절에 지은 죄와 반역을 기억하지 마시고,
주님의 자비로우심과 선하심으로 나를 기억하여 주십시오.

(시편 25:6-7)

제3부  구원

눈물 구슬 | 눈물 구원 | 통곡의 벽 | 고백 1 | 고백 2 | 고백 3 | 그분이 내게로! | 솟구치라! 영혼아! | 함께 가자 | 오늘 | 토기장이 | 죄 | 빈 들로 가거라 | 그날이 오면 | 씨앗 | 빛의 옷을 입혀 주시면 | 너에게 준 바위니라

## 눈물 구슬

평생 살면서 흘린 눈물,
방울방울 눈물 꿰미를 구슬로 엮어,
내 막막하던 한 평생,
그 여리고 가늘디가는 목에 걸어 주신 주님.
눈물로 진주를 만드시고, 눈물로 금강석을 만드시어,
신산한 이승 살이
내 목에 걸어 주신 주님.

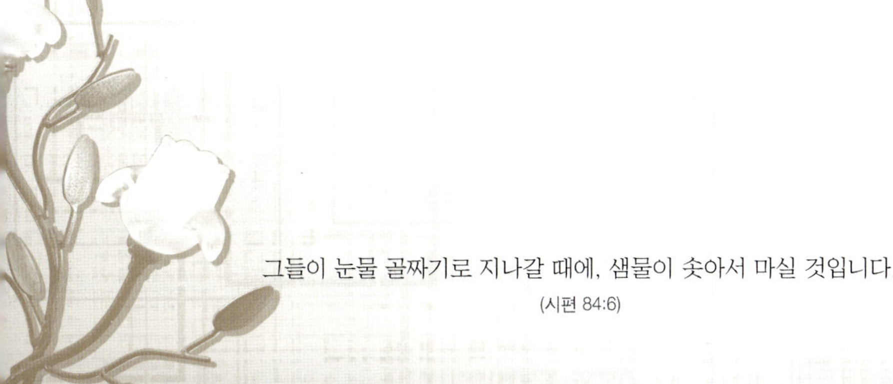

그들이 눈물 골짜기로 지나갈 때에, 샘물이 솟아서 마실 것입니다.

(시편 84:6)

다시 눈뜬 슬픔도 그분께 드릴 제사라면,
그리 모질고 깊은 슬픔인들 비켜가겠다 하랴.

눈물은 구원이면서, 십자가를 향한 새로운 순응順應이며,
용서와 화해를 약속해 주시는 주님의 숨결.
아아, 눈물로 시작되는 순명順命의 십자가.
눈물이 마르지 않게 도우소서.
평생의 눈물로 십자가 위의 당신을 씻겨 드리고도 남게 하소서.

나의 기도에 귀를 기울여 주십시오. 나의 신음 소리를 들어 주십시오.
(시편 5:1)

돌 하나도 돌 위에 남기지 않으시고 헐어버리신 성전聖殿.
겉꾸밈과 탐욕으로 가득 찬 우리의 심성心性에서 얼굴을 돌리시고,
기도가 아닌 온갖 말치장을 헐어버리신 주님.
신령과 진정 안에서 회개할 줄 모르는,
회개의 기도까지 엄살로만 끝나는 가증可憎한 나를 무너뜨리시고,
돌 하나도 돌 위에 남기지 않으신 주님.

그러나
함께 눈물 흘리시며, 차마 마저 쓸어버리시지 못한,
그래서 주님의 탄식으로 남겨 주신
통곡의 벽.
우리가 거기에 이마를 얹고 울 수 있도록 남겨 주신 사랑.

찢기신 주님의 가슴으로 남겨 주신 통곡의 벽.
그 벽에 얼굴을 묻고 통곡할 수 있도록 남겨 두신 벽.
그 벽에 이마를 얹고 울게 하소서
마지막 위로
마지막 희망
십자가를 향하여 마지막으로 딛고 갈 디딤돌 하나 통곡의 벽.
우리로 통곡하게 하소서.
통곡이 이어지는 동안
부디 저희의 이마에 입 맞추시어 사랑의 표를 찍어 주소서.

망하고야 말 도성都城아, 반역하는 도성, 더러운 도성, 억압이나 일삼는 도성아,
......
내가 뭇 나라를 칼로 베었다.
성城 모퉁이의 망대를 부수고, 길거리를 지나 다니는 자를 없애어, 거리를 텅 비게 하였다.
성읍들을 황폐하게 하여서 사람도 없게 하고, 거기에 살 자도 없게 하였다.

(스바냐 3:1, 6)

주님,
저를
타락한 인간의 표본을 삼으려 하십니까.
저를
대책 없는 인간의 견본으로 보이시려 하십니까.
저를
저능아에 지진아 박제로 만드시렵니까.
주님,
부디 박제로 남겨지지 않고
보혈의 피로
새 생명을 얻은,
새사람의 모본으로 남겨 주소서.

갓난아기처럼 순수하고 신령한 젖을 그리워하십시오.
여러분은 그것을 먹고 자라서 구원에 이르러야 합니다.

(베드로 전서 2:2)

주님, 용서하소서……
주님, 용서해 주소서……
끝도 없이 되풀이되는 이 고백이
한 자리에 고여서 썩지 않게 해 주소서.

용서를 간구하는 고백을 드릴 때마다
하늘 길로 올라가는
한 계단, 한 계단 이끌어 올리시는,
은혜의 징표를 보여 주소서.
칠층七層 정죄산淨罪山이라는 이름의 산으로 올라갈 때……
교만, 인색, 음욕, 분노, 탐욕, 질투, 게으름을 걷어 내시는 기적의 은혜를 허락하소서.

내가 십계명 앞에서
두 손 들고 항복할 때,
예수님은 실패자 앞에서 계셨다.

회개에 알맞은 열매를 맺어라.
……

좋은 열매를 맺지 않는 나무는 다 찍어서, 불속에 던지실 것이다.
나는 너희를 회개시키려고 물로 세례를 준다.
내 뒤에 오시는 분은 나보다 더 능력이 있는 분이시다.
……

그는 너희에게 성령과 불로 세례를 주실 것이다.

(마태복음 1:7, 10, 11)

아직도 무수한 형태의 자아自我가
독버섯처럼 들고 일어나,
주님께서 주신 계명
그 사랑에 상처를 입히고 있습니다.
예수님의 계명,
그 사랑에 값 하지 못하는
지진아와 같은 저를 불쌍히 여기소서.

이렇게 자아自我라는 이 껍질은
두껍고 괴이하여
한 꺼풀
벗겨내었는가 하면,
두 겹이 덧 씌워지고
한 번
깨어 부수었는가 하면,
세상에서 길들여진 습관, 기질, 나태함, 자기 기준의 잣대를 휘두르는,
그런…… 더 단단하고 두꺼운 것이 덧씌워져
참혹한 지경에 이르니
주님! 이것을 깨뜨려 새로운 피조물로 만들어 주실 분은 오직 주님뿐,
나는 실로 통제 불능의, 구제 받을 가망이 없는 자 같사오니,
주여,
주님의 보혈로 반죽하시어 다시 빚어 주소서.

우리는 또한, 그리스도로 말미암아
지금 서 있는 이 은혜의 자리에 "믿음으로" 나아오게 되었으며,
하나님의 영광에 이르게 될 소망을 품고 자랑을 합니다.

(로마서 5:2)

# 그분이 내게로!

인생길 지도地圖를 읽을 줄 모르고,
처음부터, 지도라는 것이 있는 줄도 모르고,
지도로 길을 찾으려 해 본 일도 없었던 행려병자行旅病者.
진리가 목숨 값보다 크고 귀하다는 것을 인식하지 못했던,
빈 깡통을 차고 헤매던 청맹과니

그러나, 그분이 내게로 오셨지.
멍청하고, 짓 어리고, 멍투성이 인생을 허겁지겁 살고 있는 나를,
그분이 찾아서 오셨지.
내가 찾아 만난 것이 아니라 그분이 내게로 오시다니!
그리고 자상하고 자상하게, 이렇게, 이렇게 살으라고 가르쳐 주셨지.
더러는 말씀을 흘려 듣고, 더러는 곁길로 갈 때도 있었지만,
때마다 노란 카드, 혹은 빨간 카드를 들어 주시며,
아주 망하는 길로 가지 못하도록 챙겨 주셨지.

그분이 내게로 오시다니!
그분이 내게로 오시다니!
내가 찾아 나서지 못하고, 앉은뱅이 인생으로 주저앉아 있을 때,
그분이 내게로 오셨지.

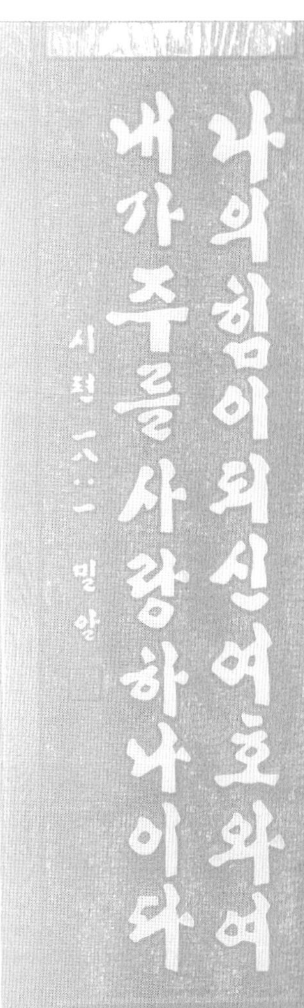

내가 아버지께 구하겠다.
그리하면 아버지께서 다른 보혜사를 너희에게 보내셔서,
영원히 너희와 함께 계시게 하실 것이다.
그는 진리의 영이시다. 세상은 그를 보지도 못하고 알지도 못하므로, 그를 맞아들일 수가 없다.
그러나 너희는 그를 안다. 그것은, 그가 너희와 함께 계시고,
또 너희 안에 계실 것이기 때문이다.
나는 너희를 고아처럼 버려두지 아니하고, 너희에게 다시 오겠다.

(요한복음 14:16-18)

# 솟구치라! 영혼아!

오랫동안 가물고 가물어
돌덩이처럼 굳어진 밭 한 뙈기.
오래전 콩을 심어 놓고, 싹이 보이지 않아,
아침마다 들여다보며 심란해했는데,
어느 날, 아침!
그 돌덩어리 같은 땅을 쩍! 가르고
콩 싹이 힘차게 머리를 들었네!

그렇지!
아무리 이곳 이승이 굳은 땅, 돌덩어리 같은 땅 같아도,
내 영혼이 그것을 쩍! 가르고,
그분 계신 하늘나라로 솟구치지 못하랴!
그분 기다리시는 그 나라로 솟구치지 못하랴!

하나님께서, 우리를 하나님의 씨로 이 세상에 심어 놓으셨는데,
세상이라는 굳은 땅을 뚫고 솟구쳐 오르지 못하랴!

깨어나십시오! 깨어나십시오! 힘으로 무장하십시오.
주님의 팔이여! 오래전 옛날처럼 깨어나십시오!
라합을 토막 내시고, 용을 찌르시던 바로 그 팔이 아니십니까?
......
기쁨이 그들에게 영원히 머물고, 즐거움과 기쁨이 넘칠 것이니,
슬픔과 탄식이 사라질 것입니다.

(이사야서 51:9-11)

## 함께 가자

만져지지 않는 목숨.
영원을 향하여 발돋움하여도 보이지 않는 목숨.
이 땅에 머무는 동안 아픔으로만 눈뜨는 목숨.

그분이, 그 목숨 던져 피 흘리심을 나는 얼마나 실감하고 사는가.
그분이 우리의 죗값을 치러 주신 후에도,
우리의 타성과 습관 속에서 저질러지는 온갖 죄,
그분은, 그렇게 저질러진 죄로 하여 고통하는 내 곁에서,
연민의 눈길을 거두시지 못한다.
그리고…… "함께 가자" 하신다.

그곳, 높고 먼 아득한 곳에서 내려다보심이 아니고,
못 자국 난 손으로 내 손을 잡아 주시며 "함께 가자" 하신다.
십자가의 보혈은 내가 죄를 저지를 때마다 지금도 흐르고
주님은 그 핏자국 딛고 그 나라를 향하여,
나에게 "함께 가자" 하신다.

나의 사랑, 나의 어여쁜 자야, 일어나서 함께 가자.
겨울도 지나고 비도 그쳤고, 지면에는 꽃이 피고 새가 노래할 때가 이르렀는데,
비둘기의 소리가 우리 땅에 들리는구나.
무화과나무에는 푸른 열매가 익었고, 포도나무는 꽃을 피워 향기를 토하는구나.
나의 사랑, 나의 어여쁜 자야, 일어나서 함께 가자.

(아가서 2:10-13)

## 오늘

오늘, 하나님 아버지의 나라에는 시간도 공간도 없는 영원한 현재뿐,
아버지의 나라를 향한 우리들의 '오늘'도 〈온〉, 다함이 없는 가득 찬 영원입니다.

〈늘〉 앞과 뒤가 없는 하늘나라의 현재가 〈온〉과 〈늘〉입니다.
오늘은 영원에 잇대어져 있습니다.
오늘에 살고, 오늘을 채우기 위하여, 매일 죽는 죽음을 죽게 해 주소서.
영원으로 가기 위하여 매일, 매 순간 죽는 믿음의 디딤돌을 허락해 주소서.

믿음, 믿음이란 지금 이곳, 이 자리
영원한 오늘에 계신 주님을 만나는, 기적에 이르는 하나님의 나라입니다.
오늘, 오늘의 신비.

성령과 신부가 "오십시오!" 하고 말씀하십니다.
이 말을 듣는 사람 또한 "오십시오!" 하고 외치십시오.
목마른 사람도 오십시오. 생명의 물을 원하는 사람은 거저 받으십시오.

(요한 계시록 22:17)

새가슴이 되어 자주 놀라고,
두려움에 떨고 떠는 네 모습을 돌아보아라.
내가 너를 긍휼히 여기고 있건만, 너에게서 한시도 눈을 떼지 못하고 지켜보고 있건만,
너는 내 품에 안겨 있으면서도 계속 떨고 있구나.
너는 내 품 안에서도 계속 놀라고 떨면서, 내가 너를 쓸어주고 있는 것을 모르고 있구나.

네가 실수로 네 살림의 그릇을 깨뜨렸을 때,
깨어진 그릇이 너무 아까워, 서둘러 접착제를 찾는구나.
깨어지고 금간 데를 때우고 붙여, 원래의 모양대로 만들겠다고 애를 쓰는구나.
하지만 아무리 감쪽같은 접착제라도
누덕누덕 기운 자리를 무엇으로 감추겠느냐?

그러나, 참담하게 깨어졌던 너를 내가 다시 추스를 때는
온전하게, 더욱 견고하고 아름답게 일으켜 세우느니,
나는 너의 아버지, 너의 하나님
이전보다 더욱 흠 없이 일으켜 세우는 여호와란다.
너를 버리지 않는 창조주란다. 애야! 나는 사랑의 토기장이란다.

나는 사람들과 끝없이 다투지만은 않는다. 한없이 분을 품지도 않는다.
사람에게 생명을 준 것이 나인데,
내가 그들과 끝없이 다투고 한없이 분을 품고 있으면 사람이 어찌 견디겠느냐?
사람의 탐욕스러운 죄 때문에 내가 노하여 그를 쳤고, 내가 노하여 나의 얼굴을 가렸다.
……
"그러나 나는 그들을 고쳐 주겠다. 그들을 인도하여 주며 그들을 도와주겠다.
슬퍼하는 사람들을 위로하여 주겠다. 이제 내가 물로 평화를 창조한다.
먼 곳에 있는 사람과 가까운 곳에 있는 사람에게 평화, 평화가 있어라."
주님께서 약속하신다. "내가 너를 고쳐 주마."

(이사야서 57:16-10)

저의 앞길에 메마른 땅, 막막한 길만 보입니다.
피폐하고 곤고해진 영혼이 지쳐 쓰러지려 합니다.
나의 십자가를 지고…… 걸어왔다고 하나,
십자가인지, 바위 덩어리 내 죄의 무게인지에 심신이 지쳐,
그 무게만을 힘들어 하며 헐떡헐떡, 계속해서 질질 끌고 향방 없이 걸어왔습니다.
골고다는 벌써 지나갔으나, 나는 내 짐을 내려놓을 생각을 못했고,
골고다에서 죽을 엄두조차 내지 못했습니다.

목이 뻣뻣한 죄, 꺾어지지 않으려는 죄, 꼿꼿한 것은 죄뿐,
꺾고 꺾어도 다시 일어서는 죄, 목이 곧아져 용수철처럼 다시 일어서는 죄.
어찌 우리들 인간의 존재는 죄만으로 확증이 되는 것인지
죄만 소멸되면 주님 앞에 바로 세워질 수 있음을 알면서도……

하지만 주님!
죄조차도 주님께 다가가는 은혜의 징검다리입니다.
내가 내 죄를 알아보는, 영혼의 씨눈 떼어 주신 주님께서 나를 바라보시니
그 시선 안에서, 죄와 맞서 목숨을 걸게 하십니다.
나의 목숨 값을 주께서 영원 전에 계수計數하시고,
죄와 싸울 수 있도록, 나와 함께 피 흘러 싸우시는 주님,

죄로부터 영원히 벗어날 수 있는 길이 주님께 있음을 믿는,
믿음의 기적이 죄 속에 심겨져 있나이다.
결국…… 나의 죄를 통하여 주님의 영광이 드러나는
이 비밀이 내게 있음도 기적의 은혜입니다.
죄에서 죄로 건너뛰다가,
은혜의 징검다리를 찾게 되는 영광의 날이 기다리고 있음을,
죄를 통하여 보게 되니,
주님, 용서의 기적 속에서, 영원의 열림도 믿게 하시니,
하늘 문 열리는 눈물의 감사입니다.

그러나 그들은 반역하고, 그의 거룩한 영靈을 근심하게 했습니다.
그러므로 그는 도리어 그들의 대적이 되셔서, 친히 그들과 싸우셨습니다.
……

그들에게 그의 거룩한 영을 넣어 주신 그분이 이제는 어디에 계시는가?
……

그의 이름을 영원히 빛나게 하신 그분이 이제는 어디에 계시는가?
……

주님의 영이 그들을, 마치 골짜기로 내려가는 가축 떼처럼 편히 쉬게 하시지 않았던가?
주님께서 이렇게 주님의 백성을 인도하셔서, 주님의 이름을 영광스럽게 하셨습니다.

(이사야서 63:10-14)

# 빈 들로 가거라

세상이 너를 밀어내더냐?
세상이 너를 잊었다 하더냐?
세상이 너를 쓸모없다 하더냐?
네 곁에 머물던 사람들이 모두 떠나갔더냐?
네 곁에서 울어 주던 사람들이 이제는 보이지 않느냐?
네 곁에서 함께 슬퍼해 주던 사람들의 위로의 우물이 말라버렸느냐?

이제 그렇게 너는 가난하고 가난해졌느냐?
빈 들로 가거라.
그분도 세상 벗어나 빈 들에 홀로 계셨다.

오직 한 가지
영혼의 굶주림에 떨며 찾아간 곳. 빈 들……
빈 들로 가지 않고는 그분을 뵈올 길이 없느니
빈 들로 가거라. 빈 들로 가거라.

가난하고 가난한 자가 되어 내 앞으로 오너라.
세상이 너를 등지고 떠나가면,
그때 헐벗은 영혼으로 누울 자리
만나리니
마지막 누울 자리 내 품으로 오너라.

주님께서 내 편이 되셔서 나를 도와주시니, 나를 미워하는 사람이 망하는 것을 내가 볼 것이다.
......
주님은 나의 능력, 나의 노래, 나를 구원하여 주시는 분이시다.

(시편 118:7, 14)

# 그날이 오면

끊임없이 달려드는 핍박, 오해, 짓이김
모함과 거짓투성이
정의와 평화를 함부로 허무는 자들이 울타리를 이루고
나는 사방으로 욱여싸임을 당하고 짓밟혀
전신에서 고난의 즙이 한없이 흐르고,
고통의 진액은 핏빛이 되어,

때로 홀로 앉아, 무연히, 그 진액과 즙액을 내려다 보며
주님은 이 진액과 고난의 즙을 무엇에 쓰시려는가……
그 진액을 찍어 주님을 증언하라시면
이 몸이 진액으로 다 녹아도 아까울 것 없건만……

막다른 골목, 절벽 같은 자리에서도
우리들 삶의 도상途上에서 그날이 손짓하고 있는 것을 볼 수만 있다면
그날을 바라보며 견딜 수 있게 하시는 은혜만을 향하여 무릎을 꿇고,
창조의 원리가 회복되는 그날이 오면,
그분의 공의公義로 약육강식이 없어지는 그날이 오면,
지금까지 홀린 피와 고난의 즙과 고통의 진액에서,
꽃이 피리라.
꽃이 피리라.

그리스도 예수 안에서 경건하게 살려고 하는 사람은 모두 박해를 받을 것입니다.
그런데, 악한 자들과 속이는 자들은 더욱 악하여져서, 남을 속이기도 하고 속기도 할 것입니다.
그러나 그대는 그대가 배워서 굳게 믿는 그 진리 안에 머무십시오.
그대는 그것을 누구에게 배웠는지 알고 있습니다.

(디모데 후서 3:12-14)

## 씨앗

씨앗은
내가 품는 것이 아니다.
씨앗은 내가 심는 것도 아니다.
그분은
오직
순종이라는 텃밭에 심겨진
씨앗만을 싹 틔우신다.
어둠과 주검의 대지를 뚫고 나온 새싹을,
영원한 생명 빛으로 맞아주신다.

여러분은 다시 태어났습니다.
그것은 썩을 씨로 그렇게 된 것이 아니라,
썩지 않을 씨, 곧 살아 계시고 영원하신 하나님의 말씀으로 그렇게 되었습니다.

(베드로 전서 1:24)

## 빛의 옷을 입혀 주시면

내 본래의 모습,
추하고 썩은 것으로 말하자면
태어난 그대로, 지금까지 살아왔던 있는 그대로가
그분의 빛 가운데 던져진다면,
그렇게 주님께서 빛의 옷을 입혀주신다면
나는 단 1초도 존재할 수 없는 흉악한 생물生物.
주님의 빛은 생명이면서 태우시는 불,

아직도 마음속 깊은 곳에 굴러다니는 교만의 알갱이들……
박테리아 같은, 세균 같은,
세속의 먼지 찌끄레기, 자만, 아집, 잣대
이것들을 무엇으로 쓸어버려야 깨끗해질는지,
빛 가운데 드러나면, 맹렬한 불길에 재만 남겨질 터이니,

부디 성령께서, 성령의 소나기, 성령의 장대비를 내려 주시어 씻어 주시고,
부디 성령의 빗자루로 쓸어 주소서.

모든 것이 그로 말미암아 창조 되었으니, 그가 없이 창조된 것은 하나도 없다.
창조된 것은 그에게서 생명을 얻었으니, 그 생명은 사람의 빛이었다.
그 빛이 어둠 속에서 비치니, 어둠이 그 빛을 이기지 못하였다.

(요한복음 1:2-5)

## 너에게 준 바위니라

아아, 어기찬 그 사람…… 숨통을 가로막는 그 사람……
기막힘, 한심함, 억울함과 분심이 한꺼번에 치받혀
그저 두 손 맞잡고 하늘 우러러
"하나님 아버지!" 외쳐 부르짖으니,
하나님이 느닷없이 말씀하십니다.
"그 사람은 바위니라. 네 삶을 향해 튀어나온 바위니라.
네가 엎드려, 네가 이마를 얹고 기도할 바위니라."

저는 그 바위에 기대어 기도했어야 하고,
그렇게 기도한 뒤에 그 바위를 딛고,
주님 앞으로 올라갈 수도 있었습니다.

그러나 주님, 이 아침에 저는 그 바위에 머리 짓찧어
드디어 자해自害를 저질러 피를 낭자하게 흘리고 있는
끔찍한 자신을 만났습니다.
전신全身이 악독惡毒으로 가득 차,
그 바위에 머리를 짓찧는 처참한 몰골만 남아 있었습니다.
그리고 드디어 입을 열어,
"오 주님! 이러고도 내 어찌 주님을 믿는다 하겠습니까,
차라리 예수 믿는 일을 그만두는 편이 낫겠습니다."
심통 나서 소리쳤습니다.
오오, 이 심술, 미련함, 완악함의 덩어리,
이 팻덩이를 그래도 주님 앞으로 끌고 갈 수 있도록 허락하시니,
저는 구원을 바라봅니다.

야곱의 하나님을 자기의 도움으로 삼고,
자기의 하나님이신 주님께 희망을 거는 사람은 복이 있다.

(시편 146:5)

제4부  위로

너는 좋겠다 | 주님 발등에 저의 이마를 얹고 | 눈부신 한나절 | 아무것도 몰라서 행복한
행복 | 생명에서 생명으로 | 당신은 누구시옵니까? | 국수 한 그릇 | 이제는 내가 너로……
| 영원으로 열리는 문 | 환승역 | 덜떨어진 귀신 | 정녕 알 수 없는 일 | 인류의 미래는 |
멸치의 바다 세상 | 정거장에서 | 일어나라, 함께 가자!

## 너는 좋겠다

새벽별이 가만가만 떨면서 나에게 속삭인다.
너는 좋겠다.
산, 숲, 나무, 가녀린 가지 끝,
우련 드러난 산등성이까지 나에게 속삭이네.
너는 좋겠다.
새들이 둥지에서 부지런히 날갯짓하며 나에게 말하네.
너는 좋겠다. 너는 좋겠다. 너는 좋겠다.
하나님께서 지으신 만물 중,
하나님께서는 그 어느 것보다 너를 좋아하시니,
너는 좋겠다.
나무들이 춤추고 새들이 노래해도,
주님께서는, 그 모든 아름다운 것들을 오직 너와 함께 보시기를 원하시니
너는 좋겠다.
하나님 아버지께서 그 어느 것보다,
네가 거기 있음을 좋아하시니 너는 좋겠다.

말씀으로 빚어진 만물이 내게 속삭인다.
너는 좋겠다.
우주 가득하게 우주가 속삭인다.
너는 좋겠다.
해와 달과 별들의 찬양보다 네 기도에 귀를 기울이시는 아버지께서
너에게 기도를 주셨으니 너는 좋겠다.

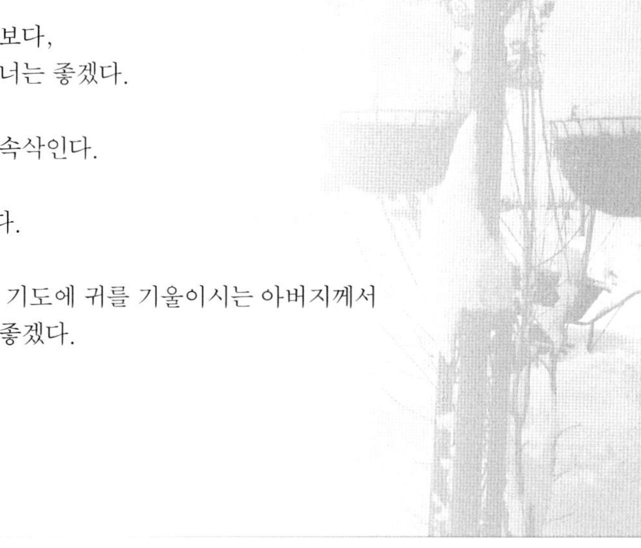

하늘은 하나님의 영광을 드러내고, 창공은 그의 솜씨를 알려 준다.
낮은 낮에게 말씀을 전해주고, 밤은 밤에게 지식을 전해준다.
그 이야기 말소리, 비록 아무 소리가 들리지 않아도 그 소리 온누리에 울려 퍼지고,
그 말씀 세상 끝까지 번져 간다.

(시편 19:1-4)

## 주님 발등에 저의 이마를 얹고

주님 차마 우러러 뵙기도 송구스러워,
내 앞에 서 계신, 주님 발등에, 부끄러이 저의 이마를 내립니다.
이 기쁨과 감사로
저의 하루를 다 드린다 한들 족하다 하시겠습니까.
주님의 은혜에 몸을 떨며, 얼굴을 땅에 대고
한 달을 다 채운들 채웠다 하시겠습니까.
저의 들숨과 날숨 안에 함께 하신 주님,
그 기적의 놀라움으로
한 해를 다 드린들, 깨달은 은혜를 다 담아낼 수 있겠습니까.
태어나, 이 땅의 삶을 다 마치고 떠날 때,
저의 평생을 다 드린다 한들,
주님이 주신 사랑을 감당했다 하시겠습니까.
주님, 주님의 발등에 입 맞추는 이 시간,
이대로
이대로
부디 영원의 문으로 들어가게 하소서.

예수는 영원히 계시는 분이므로, 제사장직을 영원히 간직하십니다.
따라서, 그는 자기를 통하여 하나님께 나아오는 사람들을 완전하게 구원 하실 수 있습니다.
그는 늘 살아계셔서 그들을 위하여 중재의 간구를 하십니다.

(히브리서 7:24-25)

# 눈부신 한나절

여름은 벌판 끝자락으로 물러나고,
눈부신 하늘, 설레는 가을 햇살,
여름을 전송하며 가을볕을 바라는데,
철 잃은 벌 한 마리 날아와
꽃무늬 치마가 꽃인 줄 알고 무릎에 내려 앉아,
스트라우스의 왈츠에 맞춘 듯 날갯짓 춤추네.
머리 위 잣나무 가지 위에서
삐삐새 한 마리 파닥 파닥 날갯짓 황홀한데,
어디서 날아왔을까 나비도 잠자리도 왈츠에 맞춘 듯……
이 가을에
구름 한 점, 하늘 옷 자락되어 나부끼니,
주께서 지휘봉을 드셨구나
이 눈부신 한나절.

## 아무것도 몰라서 행복한 행복

아무것도 몰라서 행복한 행복이 있습니다.
밤하늘의 별빛이 왜 그렇게 아름다운지 나는 모릅니다.
그토록 찬란한 아침이 어떻게 내 앞에 펼쳐지는지를,
그렇게 눈부신 꽃들이 왜 속절없이 지는지를 나는 알 수가 없습니다.

하지만 아무것도 모르면서,
별이 있는 밤이 있어 행복합니다.
쉽게 지는 꽃이어서 꽃은 더욱 아름답고
찬란한 아침이 열리는 하루가, 영원을 바라보게 하여 행복합니다.

죽음이 무엇인지 알 수가 없기에,
그리고 질문을 할 수 없음이 다행입니다.
죽음이 무엇인지 모르면서,
그것을 홀로 알고 계신 그분께,
다만 순종으로 나아가게 하실 손길을 기다리니 행복합니다.
아무것도 알 수가 없어,
그저 좋기만 한, 그저 좋은 행복이 있습니다.

문들아, 너희 머리를 들어라. 영원한 문들아, 활짝 열려라. 영광의 왕께서 들어가신다.

(시편 24:9)

## 생명에서 생명으로

사랑,
그 흔하디 흔한 사랑이라는 이름, 사랑.
그 자신은 그렇게 흔한, 사랑이라는 이름을 알지 못합니다.
사람이란 그렇게 쉽게 아무렇게나 빌리는 이름일 수 없습니다.
산이 자기의 이름을 알려하지 않고
그 자리에 묵묵하게 서 있듯이,
강이 자기의 이름을 알려하지 않고
그저 흐르듯이,
사랑은 자신이 사랑이라는 것을 알지 못합니다.
너무 뜨거워서 누린내가 나는 것은 사랑이 아닙니다.
누가 사랑이 뜨겁다 했습니까.
생명의 고요함
소리 없는 흐름입니다.
생명의 우러남이요,
어떤 부정不淨한 것도
아무리 온당치 않은 것도
말없이 받아들여 순화醇化하는 생명입니다.
사랑은 말도 아니고, 행위도 아닙니다.
사랑한다고 말을 빌릴 때면
이미 그곳에는 빛바랜 그림자만 남게 됩니다.
누가 사랑을 주는 것이라 했습니까.
준다고 생각하며 건넬 때,
사랑은 이미 향기도 잃고 생명도 소멸됩니다.

누가 사랑을 황홀한 것이라 했습니까.
환각幻覺은 깨어지고
환상幻想은 달아납니다.
생명과 생명이 어울려 함께 흘러감이요
생명과 생명이 서로를 걸러 줌이요
너와 내가 따로 없음이요
호들갑스럽지 않게 그저 조용하게 하나 됨입니다.
사랑은,
사랑이라는 이름을 빌리지 않습니다.

나는 영원한 사랑으로 너를 사랑하였고, 한결같은 사랑을 너에게 베푼다.

(예레미야 31:3)

# 당신은 누구시옵니까?

질긴 목숨으로 이어져, 끊어지지 않던 외로움.
여기인가 하여 시린 손으로 더듬어 붙잡아 보면,
더 얼음장 같던 인연因緣.
저기인가 하여 가까스로 다가가 매달려 보니, 매달린 손에 얼음 배겨,
얼음 박힌 손을 내리고 우두망찰 향방 없이 어정거리다가,
절룩 걸음 기진하여 쓰러질 때쯤 해서,
"네가 나를 찾고 있느냐?"
다가오신 분,
하늘 열린 듯 크신가 하면,
너무 부드럽고 너무 깊어, 감당할 길 없이 낯설기만 한 분,
당신은 누구시옵니까?

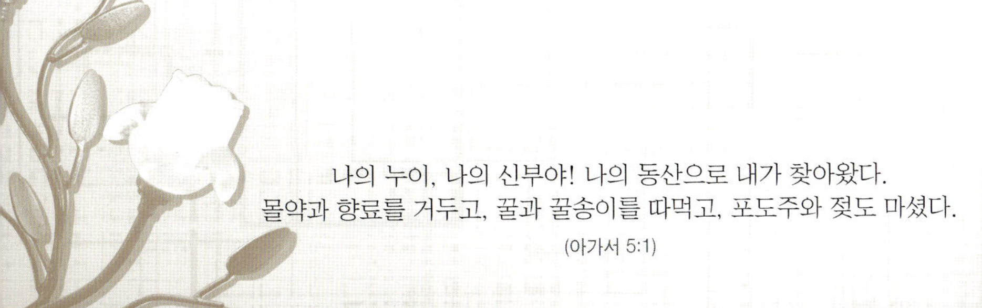

나의 누이, 나의 신부야! 나의 동산으로 내가 찾아왔다.
몰약과 향료를 거두고, 꿀과 꿀송이를 따먹고, 포도주와 젖도 마셨다.

(아가서 5:1)

# 국수 한 그릇

춥고 쓸쓸한 새벽길.
온 세상, 경제위기로 움츠러든 겨울 한 자락.
엷은 안개 출렁거리는 새벽길 17번 국도國道.
드문드문 승용차들이 무심하게 질주하는 갓길 한 옆에,
〈국수 2천 원〉 애원하듯 손짓하는 팻말 하나.
무슨 목구멍이기에, 전 대통령의 형이며 측근들이
몇 백억, 몇 천억을 소리도 없이 삼켰다는데,
2천 원짜리 국수 먹을 사람을 저리 애절하게 손짓해 불러도 돌아보는 이 없으니,
이 새벽길은 더욱 춥고 쓸쓸하여라
2천 원어치 국수 말아서 팔겠다는 손길, 몇 그릇을 말면 하루를 살아낼 수 있겠는지……
그 국수를 사 먹을 사람 또 한 2천 원어치 국수로 간신히 하루를 연명할 사람이니,
어쩌면 주님께서 그들과 함께 눈물로 국수를 말아서 드시겠구나.

재난 소식 이어지고, 토네이도로 폐허가 된 도시가 영상에 뜨고, 기근 뉴스가 이어져도
정치꾼들은 제 똘마니, 제 이익 찾아 악다구니로 싸움질을 이어가고,
우리끼리, 내 식구끼리 둘러앉는 식탁만 따뜻하면 그만이고,
우리끼리의 침상은 포근하며 내 손안에 든 것은 움켜쥐고 펼 줄 모르는 조막손.
냉수 한 그릇쯤이야 내가 아니더라도……. 자기 위안慰安은 타성이 되고,
주님이 찾아 가실 2천 원짜리 국수 그릇에, 오늘도 그분의 눈물이 방울방울 떨어져
가난한 자의 삶에 간을 맞추어 주시네. 눈물로 간을 맞추시네.

## 이제는 내가 너로……

「이제는 내가 너로 영영永永한 아름다움과 대대代代의 기쁨이 되게 하리니……」
「내가 너로……」
「내가 너를……」

나를 부르시는 분은 누구이신지요,
「내가 너를 지명指名하여 불렀나니…… 너는 내 것이라.」
나를 부르시는 분 당신은 누구이시기에
나를 당신의 것이라 하시는지요.

「내가 너로……」
「내가 너를……」
당신은 나를 당신의 무엇으로 만드시려 하시는지요.

끊임없이 나를 불러
당신과 하나가 되기를 원하시는 분.

나뉘었던 것 하나 되기 위함이요,
떠났던 것 돌아오게 만드시기 위함이요,
돌아섰던 것 바로 세우시기 위함이요,
등졌던 것 마주보게 하시기 위함이었습니다.
굽었던 것 곧게 하시기 위함이요
어긋났던 것 바로잡으시기 위함이었습니다.

주께서 온전하심 같이 나를 온전한 자로 부르심입니다.

너희가 이 말을 듣지 않으면,
너희의 교만 때문에 내 심령이 숨어서 울고, 끝없이 눈물을 흘릴 것이다.
주님의 양 떼가 포로로 끌려갈 것이므로. 내 눈에서 하염없이 눈물이 흐를 것이다.

(예레미야 13:17)

# 영원으로 열리는 문

예수님 이름으로 기도합니다. 예수님의 이름으로 기도합니다.
기적의 이름, 슬픔을 녹여주는 이름, 고통을 담당하는 이름,
신음하는 피조물의 해방을 위하여 오신 이름.
초자연으로부터, 죽음을 안고 태어난 나에게 오신 이름.
아아, 그 이름은 하늘나라 아버지께 이르는 신비의 통로!
하늘 문이 열리게 만드는 신비와 떨림의 이름.
홀연히 아버지 앞에 세워지는 기적의 이름.

그 이름에 복을 주시어, 그 이름으로 열리는 문에 복에 복을 주시니
길이요 진리요 생명의 문이 되시는 예수.
예수의 이름으로! 예수님의 이름으로!

지금 예수의 이름으로 그 문이 열렸사오니
영원의 문이요, 떨림의 문이요 황홀한 문입니다, 아버지!

보아라. 그대가 잉태하여 아들을 낳을 터이니, 그의 이름을 예수라고 하여라.
그는 위대하게 되고, 더 없이 높으신 분의 아들이라 불릴 것이다.
……
그는 영원히 야곱의 집을 다스리고, 그의 나라는 무궁할 것이다.

(누가복음 1:31-33)

## 환승역

하늘이 무겁게 내려 앉아,
다시는 해가 뜰 것 같지 않던 12월 초하루 아침.
출근길 동동거리는 사람들 무거운 그림자 고단하고 고단해.
겨울안개에 짓눌린 거리, 천지가 잿빛,
지하철 땅속으로 떠밀려 내려가니
치달려드는 전동차만 살았노라! 소리치네.

칸칸이 밝혀진 불빛만 눈 시리고,
좌석에 눌어붙은 승객들은 모두가 잠에 빠져,
환승역! 환승역! 안내하는 안내 방송을 듣는지 못 듣는지,
지상地上의 복역수服役囚들은 더러 무심한 얼굴로 타고 내려.

아아, 하늘나라로 곧장 가는 환승역은 어디쯤서 갈아타야 하나?
하늘나라 환승역은 누가 안내를 해 줄까.

지금 너희가 근심에 쌓여 있지만, 내가 다시 너희를 볼 때에는, 너희의 마음이 기쁠 것이며,
그 기쁨을 너희에게서 빼앗을 사람이 없을 것이다.
그 날에는 너희가 나에게 아무것도 묻지 않을 것이다.

(요한복음 16:22-23)

# 덜떨어진 귀신

어느 날, 60이 넘은 나에게 누구인가 말했습니다.
"아직도 매력魅力이 있으시네요."
혹하게 만들던 한 마디. 귀에 듣기 좋은 말 들렸을 때.
매력…… 매력……
솔깃하던 마음 한 옆으로, '그래서 그걸 무엇에 쓸 것인데?'
하면서도 '정말 그런가?' 거울 앞에 섰을 때
누구인가 머리를 쥐어박았습니다. 꿀밤 한 알!

"그래, 아직 매력 있대서 그렇게 좋더냐?"
어리둥절해 하는 나에게 다시 한 번 꿀밤 한 알!
"이 덜떨어진 귀신아!"

덜떨어진 귀신이라니……

"매력의 매魅자字가 어떻게 생겼더냐?
귀신鬼神귀鬼 자字 안에 아직 덜되었다는 미未자字가 들어 앉아 있지 않으냐?
아직 귀신이 덜 되었다는 뜻이란다.
이 맹초야!"
"매력魅力이라 해보아야 덜된 귀신의 힘力이라는 뜻밖에 더 되느냐?
매력이 있다는 것은 덜된 귀신이 무슨 짓을 하려고 한다는 뜻이란다."

매력을 가지고는 할 수 있는 일이 아무것도 없다는 것을 알려 주셨습니다.
사랑의 꿀밤 한 알!

보라, 내가 너희를 보냄이 양을 이리 가운데 보냄과 같도다.
그러므로 너희는 뱀 같이 지혜롭고 비둘기 같이 순결하라.

(마태복음 10:16)

# 정녕 알 수 없는 일

이 미련한 것, 무지렁이. 미련하고 또 미련한 것.
깜짝깜짝 놀라고, 때로 절망하기도 하며,
끝내 알아낼 수 없는 수수께끼. 영문 모를 인생 맞닥들여 주저앉기를 몇 번,
그러나 이 천치 같은 것, 마다 않으시고 손잡아 이끌고 오신 인생길.
넘어져 피 낭자하던 무릎에서 모래알 털어 내시며 피를 닦아 주셨고,
허방을 디뎌서 전신 뒹굴어 부서지고 뭉겨진,
소생 할 길 없어 보이던 탯덩이를 추스려 만져 주시고 다시 일으켜 세우셨고,

온 세상이 침 뱉고 손가락질 하던 일 저지른 나를,
주께서 홀로 아무 말씀 없이 품어 주신 그때,
저지르고, 또 저지르고, 부끄럽고 또 부끄럽던 인생,
때로는 스스로 제 눈을 찔러 청맹과니 되어 더듬거리던 나를……
어쩌자고, 지진아 같은 나를 부르시어 함께 가자 하시는지 알 수 없는 일.
풀리지 않는 사랑의 수수께끼.
내 인생길 신비로 이어져 온 아득한 길.
신비로 이어져 하늘까지 이어진 길.
나 같은 것을 주인공 삼아 주신 일.

정녕 알 수 없는 일.

......
"내가 너를 속량하였으니, 두려워하지 말아라.
내가 너를 지명指名하여 불렀으니, 너는 나의 것이다.
네가 물 가운데로 건너갈 때에, 내가 너와 함께 하고,
네가 강을 건널 때에도, 물이 너를 침몰시키지 못할 것이다.
네가 불속을 걸어가도, 그을리지 않을 것이며, 불꽃이 너를 태우지 못할 것이다……."

(이사야서 43:1-2)

## 인류의 미래는

인공지능, 디지털로 점령당한 인간 사회,
인간은 영적靈的 영토를 잃고, 합리적인 능력도 버리고,
참담한 육체로만 남겨져……

생산성生産性으로만 저울에 올라서는 인간,
무엇인가를 해야만 하고, 무엇인가를 끝없이 만들어야만 하고,
연구 개발! 연구 개발!
그렇게 발버둥질 치는 동안
본래 타고난 선한 기능과 아름다운 인간의 모습은 지워져 가고……,

그분의 형상을 따라 지어졌던 사람은 어디로 갔는가.
자기 자신 안에서 좋은 것을 찾는 사람,
이웃으로부터 좋은 것을 찾는 사람만이 인간이라 하셨건만,
이제 사람은 자기가 누구인지, 이웃이 누구인지 깡그리 잊어가며,
본래의 형상을 잃어가고 있네. 기계를 왕으로 모시고

육체가 원래 있던 곳으로 돌아가고,
숨이 그것을 주신 하나님께로 돌아가기 전에, 네 창조주를 기억하여라.

(전도서 12:7)

## 멸치의 바다 세상

오래간만에 양지바른 거실의자에 앉아 책을 펼쳐들었다.
잎차를 우려 마셔가며 멸치를 한 마리씩 입에 넣었다.
짭짜름한 중간 멸치 하나 입에 넣고 책을 읽는다.
무심하게 우물우물 삼켰는데,
혀끝에 무슨 알갱이 하나 남아서 맴돌면서 넘어가지 않는 것이 있었다.
좁쌀알보다 작은 알갱이 하나.
혀를 굴리다 보니 그것은 멸치의 눈알.
아, 그 작은 바다 생물의 눈알이라니! 멸치의 눈알 하나.
그 눈으로 바다 세상을 마음껏 볼 수 있었겠구나.
그 눈으로 헤엄쳐 다니며 먹이를 찾고 새끼를 치고,
더러는 멸치의 군무群舞를 멋있게 추기도 하고……
큰 물고기를 피하여 목숨 걸고 달아나기도 했겠다.
그러다가 그물에 걸려 내 입으로 들어왔구나.
그 작은 멸치의 눈이라니.

사람들은 천공天空에서 먹이를 향해 내리꽂히는 독수리의 눈을 신비스럽다 한다.
그런데 이 작은 멸치 한 마리가 보았을 바다 세상의 그 빛이야말로
하나님 세상의 빛이 아니었을까.
멸치의 눈이 세상을 본 것이 아니라, 하나님의 빛이 있어.
그 작은 멸치는 바다 세상을 보았을 것이 아닌가.
멸치 한 마리의 작디작은 눈알 하나는, 내 입 속에서 하나님의 세상을 가르치고 있다.

저 크고 넓은 바다에는, 크고 작은 고기들이 우글거립니다.
물 위로는 배들도 오가며, 주님이 지으신 리워야단*도 그 속에서 삽니다.

(시편 104:25-26)

*리워야단: 큰 바다 괴물

# 정거장에서

많은 사람들이 정거장에서 늘 서성거린다. 모두가 차를 기다린다.

정거장은 모든 사람들이 갈 곳을 정하고, 각자 탈 차를 기다리는 장소.

사람마다 목을 길게 빼고, 차가 오는 길을 바라보며 서성거린다.

더러는 느긋하게 더러는 초조하게, 제시간에 차가 오지 않는다고 발을 구르기도 하고,

왜 안 오나? 왜 아직 오지 않는가? 더러는 불안한 마음으로 아득한 길을 바라본다.

정거장에는 많은 사람들이 모여 있어, 갖가지 일들이 일어난다.

반가움도, 험한 일도, 속임수도……

시험 걱정, 모든 괴롬 없는 사람이 없다.

그러나 부질없이 낙심 말고 기도 드려 아뢰듯, 그분의 약속을 믿으라.


정거장은 약속의 장소다. 약속된 차는 오게 되어 있다.

우리는, 이 세상이라는 정거장에서 그분을 기다린다.

그분이 지정해 주신 이승이라는 정거장에서,

그분이 오마 하고 약속해 주신 약속을 안고 그분을 기다린다.

그분께서 기다리라고 이르신 이승의 정거장에서,

그분은 틀림없이 오신다. 발을 구를 일도, 초조해 할 일도 없다. 약속을 믿고……

목적지가 정해진 그 길, 정거장에서 착실하게 기다리기만 하면 그분은 오신다. 오신다.

너희는 마음에 근심하지 말아라.
하나님을 믿고 또 나를 믿어라. 내 아버지의 집에는 있을 곳이 많다.
그렇지 않다면, 내가 너희가 있을 곳을 마련하러 간다고 너희에게 말했겠느냐?
나는 너희가 있을 곳을 마련하러 간다.
내가 가서 너희가 있을 곳을 마련하면,
다시 와서 너희를 나에게로 데려다가, 내가 있는 곳에 너희도 함께 있게 하겠다.

(요한복음 14:1-3)

## 일어나라, 함께 가자!

일어나라, 일어나라,
일어나 함께 가자.
기이한 사랑을 노래하며 함께 가자.
기이한 사랑을 꽃 피우며 함께 가자.
기이한 사랑이 열매 맺히도록 함께 가자.

일어나거라, 일어나거라,
일어나서 함께 가자.
"나처럼 외치며, 고告하며 진술할 자가 누구냐?
너희는 두려워 말며 겁내지 말라. 내가 옛날부터 너희에게 들리지 아니하였느냐?
고하지 아니하였느냐? 너희는 나의 증인證人이라."(이사야 44:6-8)

외치시는 주님의 말씀,
사랑으로 고하시는 주님의 경고, 생명에 관하여 진술하신 영원한 사랑……

이제
일어나 함께 가자.
기이한 사랑을 노래하며 함께 가자.
기이한 사랑을 꽃 피우며 함께 가자.
기이한 사랑의 열매가 맺히도록 함께 가자.
그 열매로 수천, 수만의 영혼이 구원받는 것을 만나게 되리니,
하나님의 말씀으로 맺은 열매, 구원의 열매를 네가 담당하여라.
일어나라, 일어나거라. 일어나서 함께 가자.

나는 잠자리에서 밤새도록 사랑하는 나의 임을 찾았지만 아무리 찾아도 그를 만나지 못하였다.
'일어나서 온 성읍을 돌아다니며 거리마다 광장마다 샅샅이 뒤져서
사랑하는 나의 임을 찾겠다.'고
마음먹고 그를 찾아 나섰지만 만나지 못하였다.
성 안을 순찰하는 야경꾼을 만나서 "사랑하는 나의 임을 못 보셨어요?" 하고 물으니,
그들 옆을 지나가다가, 드디어 사랑하는 나의 임을 만났다.
놓칠세라 그를 꼭 붙잡고, 나의 어머니의 집으로 데리고 갔다.
어머니가 나를 잉태하던 바로 그 방으로 데리고 갔다.

(아가서 3:1-4)

정·연·희·묵·상·기·도·집

# 빈 들로 가거라

| 초판 1쇄 인쇄일 | 2012년 5월 14일 |
| 초판 1쇄 발행일 | 2012년 5월 15일 |

| 지은이 | 정연희 |
| 펴낸이 | 정구형 |
| 출판이사 | 김성달 |
| 편집이사 | 박지연 |
| 책임편집 | 장정옥 |
| 본문편집 | 이하나 정유진 이원숙 |
| 디자인 | 김현경 유정현 |
| 마케팅 | 정찬용 |
| 영업관리 | 김정훈 권준기 정용현 천수정 |
| 인쇄처 | 상지피앤아이 |
| 펴낸곳 | **북치는 마을** |

등록일 2006 11 02 제2007-12호
서울시 강동구 성내동 447-11 현영빌딩 2층
Tel 442-4623 Fax 442-4625
www.kookhak.co.kr
kookhak2001@hanmail.net

| ISBN | 978-89-93047-24-0 *03230 |
| 가격 | 10,000원 |

* 저자와의 협의하에 인지는 생략합니다.
**북치는 마을**은 **국학자료원**, **새미**의 자회사입니다.
잘못된 책은 구입하신 곳에서 교환하여 드립니다.